Dear Doris

Ein Porträt von meiner Großmutter Doris Tanner.
New Mills, Mittelwales, 1946.

Dear Doris

Traditionelle britische Backrezepte made vegan

Von Sophia Lewis

Mit Rezepten von Susanna Nadler

VORWORT: EIN JAHR DER REFLEXION

Meine Kindheit verbrachte ich im ländlichen Wales.

Rosinen-Nuss-Brot mit Sauerteig

Dort träumte ich schon früh von der weiten Welt und einem Glamour-Leben in der Modebranche. Ich stellte es mir so vor: luxuriöse Übernachtungen, teure Essen, einflussreiche Freunde, ein Traumzuhause und Inselurlaube, während ich Kleidung für die Reichen und Schönen kreiere.

Als die Pandemie die Welt zum Stillstand brachte, hielt ich inne und erkannte, dass all meine Träume wahr geworden waren. Ich begann, meine Anfänge zu reflektieren. Die Einschränkung sozialer Kontakte und von Reisen erinnerte mich an meine Kindheit. Damals lebte ich mitten im Nirgendwo in einem Haus aus dem 17. Jahrhundert. Es gab keine öffentlichen Verkehrsmittel und meine Freunde wohnten nicht in der Nähe. Sportliche Aktivitäten waren begrenzt und ich verbrachte die meiste Zeit mit meinen Großeltern.

Meine Tochter und ich betrachteten den Lockdown im Jahr 2020 als eine seltene Chance, um mit unserer Leidenschaft fürs Backen zu experimentieren. Wir bereiteten uns gegenseitig Freude, indem wir walisische, britische und deutsche Klassiker auf gesunde Weise zubereiteten. Für uns war es der Anstoß, die traditionelle walisische Backkunst wieder aufleben zu lassen und klassische Rezepte gemeinschaftlich neu zu interpretieren.

Dies ist kein gewöhnliches Kochbuch, sondern eine Hommage an meine Großmutter Doris. Ich möchte ihr auf diesem Weg von meinen Erlebnissen erzählen und davon, was ich in den letzten Jahren gelernt habe – über unsere Ernährung, unser Wohlbefinden und das Leben heute, das ihrer Generation völlig fremd gewesen wäre.

Frei von Getreide

Frei von raffiniertem Zucker

Frei von Getreide
Frei von raffiniertem Zucker

Die Rezepte in diesem Buch sind mit dem Symbol eines Löffels gekennzeichnet. Damit nehme ich Bezug auf die walisischen Traditionen, die als Basis für meine Kreationen dienen. In Wales ist der Liebeslöffel ein nationales Symbol. Jede einzelne Schnitzerei stellt Dinge dar, auf die wir Einheimischen stolz sind, vom Gesang über die Schauspielerei bis hin zur Handwerkskunst. Die Tradition geht auf die Zeit vor dem 17. Jahrhundert zurück und der Liebeslöffel gilt als liebevolles Geschenk, ähnlich wie ein Blumenstrauß.

Wenn Zucker, Gluten oder Getreide aus gesundheitlichen oder anderen Gründern gemieden werden soll, empfehle ich die mit drei Löffeln gekennzeichneten Rezepte. Diese sind frei von Gluten, Getreide allgemein und raffiniertem Zucker. Alle Rezepte in diesem Buch sind vegan.

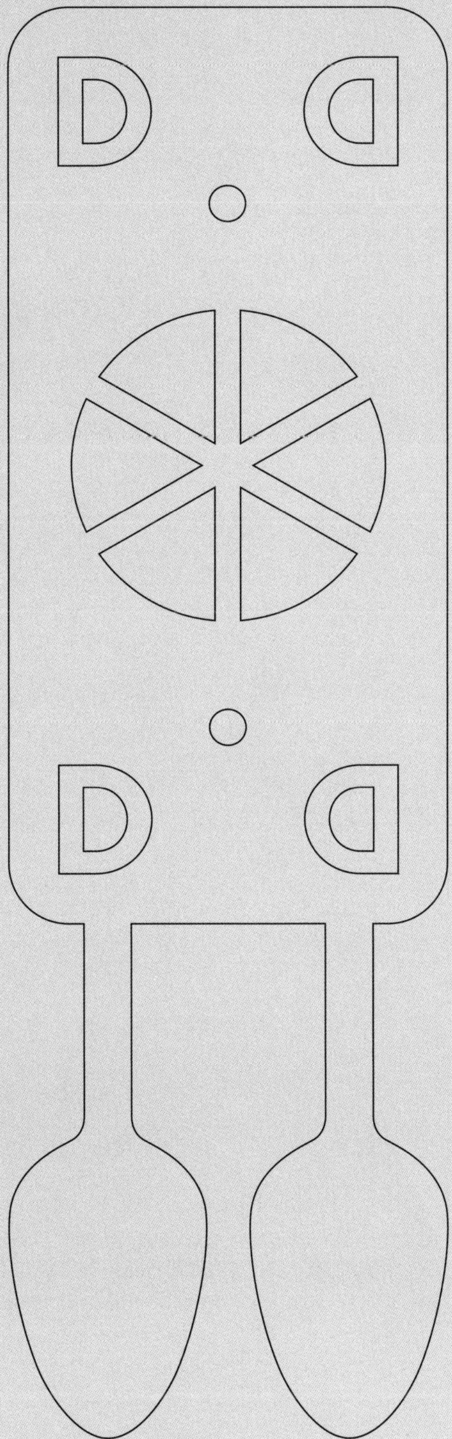

Gemahlene Vanille	Ich verwende meist gemahlene Vanille. Diese ist frei von Zuckerzusatz.
Dr. Oetker Creme Vega	Diese vegane Sahne finde ich am besten zum Backen. Es eignen sich aber auch andere Sorten oder Kokosmilch aus der Dose. Dr. Oetker Creme Vega hat einen sehr geringen Anteil an raffiniertem Zucker. Rezepte, die diese Sahne enthalten, sind dennoch als frei von raffiniertem Zucker gekennzeichnet, da der Zuckergehalt sehr gering ist (1,4 g pro 100 g/1,4%).
Pflanzendrink und -joghurt	Die Wahl der pflanzlichen Milch- und Joghurtsorten (Soja, Kokosnuss, Mandel o.ä.) richtet sich nach dem eigenen Geschmack.
Xylit	Ich bevorzuge Kokosblütenzucker statt Xylit. Letzteres verwende ich ausschließlich für Kuchen, die eine hellere Farbe haben sollen. Es gibt verschiedene Ansichten, ob dieses Süßungsmittel als raffinierter Zucker gewertet werden soll, deshalb habe ich die Rezepte mit Xylit nicht als frei von raffiniertem Zucker gekennzeichnet.
Aquafaba	Hierbei handelt es sich um das Wasser aus der Dose von Kichererbsen und anderen Hülsenfrüchten, das als Alternative zu Eiweiß verwendet werden kann. Die Kichererbsen selbst eignen sich zum Beispiel für die Zubereitung von Hummus oder Currys.
Kokos-Chia-Sahne	Für die Zubereitung mische ich in einer Schüssel eine Dose Kokosmilch (400 ml) mit 3 EL Chiasamen. Zum Andicken stelle ich die Sahne über Nacht in den Kühlschrank und serviere sie anschließend zu Desserts, Müsli, Porridge oder Smoothie Bowls.
Kokosmilch	Viele meiner Rezepte enthalten Kokosmilch. Damit ist die dickflüssige, cremige Sorte aus der Dose gemeint.
Kakao	In diesem Buch verwende ich oft Kakao, Kakaonibs oder Kakaobutter. Mit Kakaopulver meine ich ausschließlich das ungesüßte (Backkakao), nicht zu verwechseln mit Instant-Kakao, der sehr viel Zucker enthält.

Backen

Vegane Kuchen sind dichter als normale. Außerdem können sie in der Backzeit variieren, je nachdem, welche Form verwendet wird. Ich greife gerne zu einer großen, flachen Kuchenform aus perforiertem Metall. Meiner Meinung nach geht es damit schneller und die heiße Luft kann besser zirkulieren. Da die Backzeit unterschiedlich sein kann, sollte man den Kuchen unbedingt testen. Dazu sticht man mit einem Holzstäbchen in die dickste Stelle. Bleiben nur wenige oder keine Teigreste daran kleben, ist der Kuchen fertig. Ansonsten muss er noch weiter backen.

Wird eine kleinere Form oder eine aus Keramik verwendet, ist die Teigmasse höher. Das bedeutet, dass der Kuchen länger backen muss. In diesem Fall empfiehlt sich die erwähnte Stäbchenprobe besonders. Verlängert sich die empfohlene Backzeit, sollte man den Kuchen mit Backpapier abdecken. Dabei die Papierränder unter der Form fixieren, damit sie sich während des Backens nicht vom Kuchen lösen. Nach fünf Minuten erneut die Stäbchenprobe machen.

Mischen

Ich verwende einen Kitchenaid-Standmixer für meine veganen Kuchen, weil es damit schneller geht als mit der Hand. Als Alternative würde ich ein elektrisches Handrührgerät empfehlen.

Temperaturen

Ich nutze einen Umluftofen und backe viele meiner Rezepte bei 180 °C. Dies entspricht 200 °C Ober-/Unterhitze/Gas Stufe 6 in einem normalen Backofen. Hierbei handelt es sich um ungefähre Richtwerte, die je nach Gerät variieren können. Ich empfehle deshalb unbedingt, die Stäbchenprobe zu machen.

Schrankliebe

Eine Einleitung zu Doris, mir selbst und dem Konzept dieses Buches

Updates von Doris' Favoriten

Meine Großmutter Doris, mein Großvater
Dick und ich. Mittelwales, 1977.

In Doris' Küche war immer etwas los.

Doris Tanner war eine Expertin für Apfelkuchen, Welsh Cake, Rhabarberstreusel und vieles mehr. Auf dem walisischen Land, wo ich aufgewachsen bin, war meine Kindheit von den Koch- und Backkünsten meiner „Nan" geprägt. In Wales ist dies eine gängige Bezeichnung für Großmutter. Als ich klein war, verbrachte ich viele glückliche Nachmittage damit, ihre Köstlichkeiten zu probieren. Ohnehin esse ich lieber als dass ich koche und backe. Doris steckte viel Zeit und Liebe in die Gerichte, die sie für die ganze Familie zubereitete. Sie konnte ja nicht ahnen, dass ihre guten Taten von ihren Enkeln und Urenkeln einmal als mögliche Ursache für Krankheiten und Umweltschäden angesehen werden würden. Was sie dann wohl gedacht hätte?

Mit *Dear Doris* möchte ich Danke sagen für das, was mich meine Großmutter gelehrt hat: die Liebe zur traditionellen Backkunst zu zelebrieren und mit anderen zu teilen. Gleichzeitig verpasse ich den Rezepten, die über Generationen weitergereicht wurden, ein modernes Update. Ich möchte etwas Neues schaffen, das mit unserem heutigen Geschmack, unserer Ethik und unserem ökologischen Bewusstsein in Einklang ist. Meine erste Idee für dieses Buch war, einige ihrer liebsten Backrezepte in vegane, zucker- und einige getreidefreie Versionen umzuwandeln. Doch als ich damit begann, erinnerte ich mich an die Weisheiten meiner Großeltern und fragte mich, was sie über das moderne Leben heute denken würden.

So wie meiner Oma Doris eine Karriere als Musikern vorschwebte, träumte ich als Kind davon, einmal Modedesignerin zu werden. Glücklicherweise hat meine Familie meine kreativen Talente unterstützt, ebenso wie meine Vision, am Central Saint Martins in London zu studieren. Als Teenager konzentrierte ich mich darauf, meine Zuckersucht langsam zu reduzieren und wie eine typische Fashion-Studentin Mitte der 1990er-Jahre auszusehen.

Meine Zeit am College verging wie im Flug und war geprägt durch unzählige Partys, die rein gar nichts mit meiner Kindheit in Wales zu tun hatten. Überraschenderweise ergatterte ich nach meinem Masterabschluss in Mode auch direkt einen Traumjob bei Jil Sander. Paris, Mailand und New York hängte ich dafür an den Nagel. Stattdessen zog ich nach Hamburg. Damals hätte ich nie gedacht, dass die Hansestadt mein Zuhause für die nächsten zwanzig Jahre werden würde. Meiner Position als Designerin bei Closed habe ich es zu verdanken, dass ich mich hier sehr wohlfühle.

Schon im Alter von zwei Jahren stand für meine Tochter Gwenifer fest, dass sie ihre Leidenschaft fürs Backen von Doris geerbt hatte. Da ich ihr kaum etwas beibringen konnte, fing sie mit Backmischungen und Kochbüchern für Kinder an. Nahezu täglich kauften wir Unmengen an Mehl, Eiern und Zucker. Während sie übte und immer besser wurde, kamen Familie, Freunde und Kollegen in den Genuss ihrer Kreationen. Gesundes Essen war uns immer wichtig. Jeden Abend wurde gekocht, meistens wärmende Suppen oder frische Currys. Ich führte derweil ein bewegtes Leben und verbrachte viel Zeit an Flughäfen. Hongkong, Istanbul, Venedig, Paris, New York und Indien wurden zu häufigen Zielen von Geschäftsreisen und manchmal hatte Gwenifer sogar das Glück, mitzukommen.

Doris träumte davon, sich
auf einer der großen Bühnen
der Welt zu präsentieren.
Stattdessen sorgte sie für
Unterhaltung im kleinen
Kreis [...] Familie und Freunde
schätzten es gleichermaßen.

Meine Großmutter Doris, die auf Gaynors Flügel spielt. London, 2002.

Meine ersten 18 Lebensjahre lebte ich bei meinen Großeltern. Während dieser Zeit entstand auch meine Liebe für Kuchen. Doris hatte immer etwas Süßes parat, nur für den Fall, dass überraschend Familie oder Freunde kommen könnten. Ein Stück Kuchen zum Tee gehörte im White House genauso dazu wie ein guter Plausch.

Als ich anfing zu backen und die Rezepte während der Pandemie zu aktualisieren, erkannte ich, was wirklich dahintersteckt: eine Kultur des Gebens ebenso wie ein Ausdruck von Freundschaft und Liebe. Angesichts des beeindruckenden Taillenumfangs meines Großvaters würde ich behaupten, dass die Beziehung zwischen ihm und Doris blind funktioniert haben muss.

Doris wuchs als einziges Mädchen mit drei Brüdern auf. Sie war das dritte von vier Kindern. Ihre Geschwister übernahmen später den Familienbetrieb, einen Steinbruch in Wales. Das Unternehmen ist heute noch erfolgreich und wird von meinem Cousin geführt. Als einziges Mädchen der Familie war es die Aufgabe von Doris, zu kochen, zu putzen und sich um die Mitarbeiter des Steinbruchs, ihre Eltern und Brüder zu kümmern. Ihr Traum war es allerdings, auf der Bühne zu stehen. Das musikalische Können dazu hatte sie, doch um ihre Ziele zu verwirklichen, mangelte es ihr an elterlicher Unterstützung. Was der Familie *weitaus* nützlicher erschien, war ihr besonderes Talent fürs Backen. Doris' Brüder machten sich über sie lustig, wenn junge Männer auf sie aufmerksam wurden. Sie waren der Meinung, es sei nur „Schrankliebe", was bedeuten sollte, dass sie nur hinter einer Sache her waren: ihrer sensationellen Kochkunst. Das war ziemlich gemein, denn sie war eine schöne Frau, eine begabte Musikerin und dazu noch unglaublich kreativ. Sie spielte die Kirchenorgel und trat bei vielen Musikveranstaltungen auf. Außerdem ermöglichte sie es ihrer zweiten Tochter, meiner Tante, am Royal College of Music zu studieren und als Musikern bekannt zu werden. Doris träumte davon, sich auf einer der großen Bühnen der Welt zu präsentieren. Stattdessen sorgte sie für Unterhaltung im kleinen Kreis – mit Musik für die Ohren, begleitet von ihrem köstlichen Backwerk. Familie und Freunde schätzten es gleichermaßen. Sie war optimistisch, dass ich in ihre musikalischen Fußstapfen treten würde, aber ich fand das Singen in der Kirche zu dieser Zeit ziemlich uncool. Schließlich musste Doris akzeptieren, dass ich mich für eine Karriere in der Modebranche entschied, statt für ein Leben auf der Bühne. Aber ich schätze, das erschien ihr genauso glamourös.

Während der letzten zwanzig Jahre, die ich nun in Norddeutschland lebe, stellte ich viele Gemeinsamkeiten zwischen der walisischen und deutschen Kultur fest. Das gilt besonders für Kuchen und traditionelles Gebäck.

Ich erinnere mich, dass Doris mir einmal sagte: „Der Weg zum Herz eines Mannes führt durch seinen Magen". Heutzutage erscheint eine solche Aussage eher unpassend. Deshalb habe ich es für Doris umformuliert und mich für ein ähnliches deutsches Sprichwort entschieden, das dem Zeitgeist in Bezug auf Geschlechtergleichberechtigung mehr entspricht: „Liebe geht durch den Magen".

Ich glaube, die Deutschen lieben Kuchen und Gebäck genauso sehr wie wir. Ob zum Geburtstag im Büro

Doris’ Brüder machten sich über sie lustig, wenn junge Männer auf sie aufmerksam wurden. Sie waren der Meinung, es sei nur „Schrankliebe“, was bedeuten sollte, dass sie nur hinter einer Sache her waren: ihrer sensationellen Kochkunst.

Meine Großeltern Dick und Doris Tanner an ihrem Hochzeitstag
am Ostersamstag. New Mills, Mittelwales, 4. April 1942.

Ein Porträt meines Großvaters Richard Tanner, bekannt als Dick,
als junger Mann. Mittelwales, ca. 1930.

Als ich anfing zu backen [...], erkannte ich, was wirklich dahintersteckt: eine Kultur des Gebens ebenso wie ein Ausdruck von Freundschaft und Liebe. Angesichts des beeindruckenden Taillenumfangs meines Großvaters würde ich behaupten, dass die Beziehung zwischen ihm und Doris blind funktioniert haben muss.

oder beim Kaffeeklatsch am Wochenende, die Traditionen sind denen in Wales nicht unähnlich. Die Frage ist, wie wir diese Gebräuche auf Basis des heutigen Wissens über Gesundheit und Ernährung künftig fortführen. Wir sind an einem Punkt angelangt, an dem wir in der Küche oft verunsichert sind, und zwar selbst wenn es um die Geburtstage unserer Kinder geht.

Nachdem ich zu Hause ausgezogen war, verzichtete ich jahrelang auf Süßigkeiten, obwohl sie Teil meiner Kultur waren. Das lag zum einen an Lebensmittelunverträglichkeiten und zum anderen an meinem Job. Für die meisten Menschen in der Modebranche ist Kuchen ein verbotenes Wort. Natürlich gibt es Ausnahmen: Louise Wilson, eine der bekanntesten Dozentinnen am Central Saint Martins. Sie war ein großer Fan von Kuchen am Nachmittag. Es war für sie sogar unverzichtbar, wenn sie den Tag mit all ihren „erbärmlichen Studenten" überstehen wollte, zu denen ich mich selbst zählte. Louise Wilson wurde 2008 mit einem OBE für ihr Engagement für die Modeindustrie und künstlerische Ausbildung ausgezeichnet. Sie nahm einige der bekanntesten britischen Designer unter ihre Fittiche: Alexander McQueen, Jonathan Saunders und Christopher Kane gehören dazu.

Sie lehrte uns ihre Sicht auf die Modebranche, eine Industrie, die ihrer Meinung nach auf Angst basiert. Sie schrie uns an, warf uns aus ihrem Büro und bestand darauf, dass wir am nächsten Morgen mit einem Skizzenbuch voller innovativer Ideen zurückkamen. Währenddessen rauchte sie Kette und aß ihren Lieblingskuchen. In den ersten Wochen meines Masterstudiums stand ich unter Schock. Lichtblicke gab es, wenn sie sagte: „Sophia, ich bereite dich nur auf den Alltag in dieser Branche vor". Meine erste Projektarbeit am Central Saint Martins habe ich aus lauter Angst nicht bestanden. Seitdem beschäftige ich mich mit den Auswirkungen, die Furcht auf unseren Körper, unseren Geist und unsere Kreativität haben kann. Als ich mich an Louises Art gewöhnt hatte, sah ich sie in einem anderen Licht. Ich erkannte, dass sie in Wirklichkeit viel weniger angsteinflößend war, als ich zuerst dachte. Danach meisterte ich den Kurs, meine Arbeit wurde in einem Buch veröffentlicht und ich bekam einen Job bei Jil Sander, worauf ich sehr stolz war. Angst kann uns lähmen und dazu führen, dass wir unsere kreative Ader verlieren.

In den letzten Jahren habe ich mich zunehmend mit unserem Körper und den Folgen von Stress im Alltag beschäftigt. Zusammen mit meiner Tochter Gwenifer suchte ich nach Möglichkeiten für eine gesunde Ernährung, die köstliche Kuchen für Kinder, Freunde und sogar Modedesigner nicht ausschließt.

...in der Modebranche ist Kuchen ein verbotenes Wort. Natürlich gibt es Ausnahmen: Louise Wilson, eine der bekanntesten Dozentinnen am Central Saint Martins.

Ich als Model für einen Freund während meines
Modestudiums. London, ca. 1995.

Mit meiner Mutter Maureen als Brautjungfer
einer Hochzeit. Dolanog, Mittelwales, 1976.

Eine Postkarte aus meinem Heimatdorf. Darauf zu sehen ist das White House. Dort lebte ich mit Doris 18 Jahre lang. Wir waren ein Drei-Generationen-Haushalt und mein Schlafzimmer befand sich hinter dem Fenster oben rechts. Mittelwales, ca. 1950.

Brownies

1 Den Backofen auf 180 °C Umluft vorheizen.
2 In einem Standmixer die Kokosmilch auf niedriger Stufe 4–5 Minuten verquirlen. Die Bananen zerdrücken, zur Kokosmilch hinzugeben und 2 Minuten zu einer gleichmäßigen Creme mischen.
3 Die übrigen Zutaten in eine Rührschüssel geben. Die Kokos-Bananen-Creme dazugeben und 5 Minuten kräftig mischen, bis alles gut vermengt ist.
4 Den Brownie-Teig in eine gefettete Backform einfüllen und glattstreichen. Ich gebe die Mischung 2–3 cm hoch in eine große Kuchenform.
5 Auf der mittleren Einschubleiste im vorgeheizten Backofen 40–45 Minuten backen.
6 Während die Brownies backen, die Schokoladencreme vorbereiten. Dazu alle Zutaten in eine hitzebeständige Schüssel geben und bei mittlerer Temperatur im Wasserbad schmelzen lassen, dabei ständig rühren. Danach muss die Creme abkühlen.
7 Nach 40 Minuten Backzeit ein Holzstäbchen in die dickste Stelle des Teigs stechen. Ist das Stäbchen so gut wie sauber, ist der Kuchen fertig. Brownies dürfen innen ein bisschen feucht sein, damit sie saftig schmecken. Bleibt viel Teig hängen, müssen sie noch 5–10 Minuten backen. Dabei immer wieder die Stäbchenprobe machen.
8 Wenn die Brownies auf Zimmertemperatur abgekühlt sind, die Schokoladencreme darüber geben. Der Kuchen schmeckt auch ohne lecker, sieht mit dem zusätzlichen Topping aber schöner aus.

Tipp:
Sehr schön ist der Kuchen auch mit einer Dekoration aus darübergestreuten essbaren Rosenblütenblättern.

▢ Für eine Kastenform (35 cm)
∴ Für 10–12 Personen

Für den Brownie:
— 400 ml Kokosmilch (aus der Dose)
— 2 sehr reife Bananen
— 70 g Kakaopulver (ich verwende eine Sorte ohne Zuckerzusatz)
— 125 g Buchweizenmehl
— 100 g gemahlene Pistazien (oder gemahlene Mandeln)
— 165 g Kokosblütenzucker
— 4 TL Backpulver
— ¼ TL gemahlene Vanille oder Vanillepaste (ich bevorzuge das Pulver ohne zusätzlichen Zucker)
— 10 g Mohnsamen
— 25 g Kakaonibs
— Fett für die Form

Für die Schokoladencreme:
— 200 g Kokosnusscreme
— 1 EL ungesüßtes Kakaopulver
— 2 EL Ahornsirup

Haselnuss-Schokoladen-Kuchen

1 Den Backofen auf 150 °C Umluft vorheizen.
2 Zuerst den Joghurt (jede Art von Pflanzenjoghurt eignet sich für dieses Rezept) mit dem Kokosblütenzucker gut mischen, dann langsam die Creme Vega hinzugeben.
3 In einer separaten Schüssel das Aquafaba so lange schlagen, bis es fluffig-leicht ist.
4 Die trockenen Zutaten zusammen in einer Schüssel mischen.
5 Vom geschlagene Aquafaba ⅓ abnehmen und mit der süßen Creme vermischen. Anschließend die trockenen Zutaten vorsichtig unterheben, sodass möglichst viel Luft im Teig bleibt. Mit dem übrigen Aquafaba vermengen und gut vermischen, damit keine Klumpen entstehen.
6 Auf der mittleren Einschubleiste im vorgeheizten Backofen 35 Minuten backen. Ich verwende für dieses Rezept eine lange Kastenform.
7 Während der Kuchen im Ofen backt, die Schokoladencreme vorbereiten. Dazu alle Zutaten in eine hitzebeständige Schüssel geben und bei mittlerer Temperatur unter ständigem Rühren im Wasserbad schmelzen lassen.
8 Den etwas abgekühlten Kuchen längs durchschneiden, die Hälfte des Kuchens mit der Creme bestreichen. Dann die andere Hälfte des Kuchens darauflegen, sodass ein Sandwich entsteht. Zum Servieren in Rechtecke schneiden.

▢ Für eine Kastenform (35 cm)
∴ Für 10–12 Personen

Für den Kuchen:
— 4 EL Pflanzenjoghurt
— 150 g Kokosblütenzucker
— 150 g Dr. Oetker Creme Vega
— 50 ml Kichererbsenwasser (Aquafaba)
— 55 g Buchweizenmehl
— 50 g Kichererbsenmehl
— 20 g Kakaonibs
— 1 TL Backpulver
— 150 g gemahlene Haselnüsse

Für die Schokoladencreme:
— 200 g Kokosnusscreme
— 1 EL ungesüßtes Kakaopulver
— 2 EL Ahornsirup

Einfacher Zitronenkuchen

Eine leckere Alternative zu Käsekuchen.

▢ Für eine quadratische Backform
∴ Für 10–12 Personen

— 400 ml Kokosmilch (aus der Dose)
— 265 g Reismehl
— 160 g Xylit
— 2 TL Backpulver
— 1 Prise Salz
— abgeriebene Schale und Saft von 1 Bio-Zitrone

1 Den Backofen auf 180 °C Umluft vorheizen.
2 In einem Standmixer oder mit einem Handrührgerät die Kokosmilch 3–4 Minuten glattrühren. Dieser Schritt ist wichtig, damit der Teig cremig wird.
3 Anschließend mit den übrigen Zutaten auf niedriger Stufe verquirlen.
4 Ich verwende eine flache quadratische 20×20 cm Backform, um den Zitronenkuchen später in mundgerechte Stücke schneiden zu können. Damit das Backpapier an der Form haften bleibt, knülle ich es vorher ein wenig zusammen.
5 Den Kuchen auf der mittleren Einschubleiste im vorgeheizten Ofen 35–45 Minuten backen. Mit einem Holzstäbchen in die dickste Stelle des Teigs stechen. Wenn Reste kleben bleiben, weitere 5 Minuten backen und die Stäbchenprobe erneut machen. Je nach Größe und Tiefe der Kuchenform kann die Backzeit start variieren.

Tipp:
Sehr schön sieht der Kuchen aus, wenn er mit Zitronenzesten dekoriert wird. Er eignet sich hervorragend als Grundrezept, das ich gerne variiere, zum Beispiel mit Ingwer. Dazu ein 2 cm großes Stück schälen, fein reiben und in den Teig geben. Fans von Ingwer-Zitronen-Tee werden diese Kombination lieben.

Ebenso köstlich schmeckt der Kuchen mit Rosenwasser und Kardamom. Dazu einfach 2 EL Rosenwasser (meins stammt aus der Apotheke und ist zum Verzehr geeignet) und 1 gehäuften TL gemahlenen Kardamom untermischen. Im Sommer habe ich diesen Kuchen zum Mittagessen mit einer Freundin mitgebracht, mit essbaren Blüten dekoriert und dazu gekühlte Kokosnuss-Sahne serviert.

Zitronen-Muffins

Diese Variante ist gesünder als der klassische Zitronenkuchen, wobei die dunkle Farbe für ein anderes Aussehen sorgt. Für die Muffins dem Grundrezept des Zitronenkuchens (Seite 37) folgen, dabei wenige Zutaten abändern. Backtemperatur und -zeit sind wie beim Zitronenkuchen. Ein schönes Rezept, das sich für Muffinförmchen oder Kuchenformen eignet.

□ Für eine 12-er-Muffinform
∴ Für 10–12 Personen

— 400 ml Kokosmilch (aus der Dose)
— 190 g Reismehl
— 165 g Dattelzucker
— 2 TL Backpulver
— 1 Prise Salz
— abgeriebene Schale von 1 Bio-Zitrone
— Saft von 2 Zitronen
— ¼ TL Vanilleextrakt

Zitronen-Muffins. Nächste Seite: Traumhafter Dattelkuchen

Traumhafter Dattelkuchen

1 Den Backofen auf 180 °C Umluft vorheizen.
2 In einem Standmixer oder mit einem Handrührgerät die Kokosmilch 3–4 Minuten glattrühren. Dieser Schritt ist wichtig, damit der Teig cremig wird. Die Datteln entsteinen und zerkleinern.
3 Die Datteln und die übrigen Zutaten zur Kokosmilch geben und gut vermischen. Dann die Kuchenform mit Backpapier auslegen und den Teig hineingießen.
4 Auf der mittleren Einschubleiste im vorgeheizten Ofen 30–40 Minuten backen. Ein Holzstäbchen in die Mitte des Kuchens stechen. Wenn keine Teigreste daran kleben, ist er fertig.

Kleine Anmerkung:
Ja nach Kuchenform variiert die Backzeit.

□ Für eine kleine Springform (15 cm Durchmesser)
∴ Für 10–12 Personen

— 400 ml Kokosmilch (aus der Dose)
— 100 g frische Datteln
— 165 g Kokosblütenzucker
— 150 g Buchweizenmehl
— 75 g gemahlene Pistazien (oder gemahlene Mandeln)
— 75 g gehackte Haselnüsse
— 100 g gehackte Mandeln
— 2 TL Backpulver
— 1 Prise Salz
— ¼ TL Vanillepaste
— 1 EL Rum (optional)

Backen ist Liebe: Dattel-Cashew-Torte

1 Den Backofen auf 160 °C Umluft vorheizen.
2 Die Datteln entsteinen und zerkleinern. 4 EL heißes Wasser mit dem Natron mischen. Die Datteln darin einweichen. Nach 5 Minuten den Mandeldrink zugeben und in einem Standmixer oder mit einem Handrührgerät sahnig schlagen. Die Creme Vega und den Kokosblütenzucker hinzugeben und mischen.
3 Gemahlene Mandeln, Buchweizenmehl, Vanilleextrakt und Pistazienöl dazugeben und erneut mixen, bis eine glatte Paste entsteht.
4 Kuchenform einfetten und mit Backpapier auslegen. Ich nutze meistens eine perforierte Quiche-Form, damit der Boden besser durchbackt.
5 Auf der mittleren Einschubleiste im vorgeheizten Ofen 30 Minuten backen. Ein Holzstäbchen in die Mitte des Kuchens stechen. Wenn keine Teigreste daran kleben, ist er fertig.

Kleine Anmerkung:
Ja nach Kuchenform variiert die Backzeit. Danach abkühlen lassen.

Wer mag, kann den Kuchen mit Cashewsahne servieren:
Cashewkerne 20–30 Minuten in 250 ml heißem Wasser einweichen. Abtropfen lassen und mit den anderen Zutaten mischen. Mit einem Stabmixer pürieren.

Tipp:
Zum warmen Kuchen reiche ich die gekühlte Cashewsahne. Damit sie nicht zerfließt, serviere ich sie separat daneben. Alternativ lässt man den Kuchen abkühlen und nutzt die Cashewcreme als Topping. Wer möchte, dekoriert den Kuchen noch mit essbaren Blüten.

▢ Für eine Springform (26 cm Durchmesser)
∴ Für 10–12 Personen

Für den Kuchen:
— 8 frische Datteln
— 2 TL Natron
— 180 ml Mandeldrink (ohne Zuckerzusatz)
— 150 g Dr. Oetker Creme Vega
— 65 g Kokosblütenzucker
— 95 g gemahlene Mandeln
— 160 g Buchweizenmehl
— 1 TL Vanilleextrakt
— 1 EL Pistazienöl
— Fett für die Form

Cashewsahne (optional):
— 150 g Cashewkerne
— 50 ml Mandeldrink (ohne Zuckerzusatz)
— 1 EL Cashewmus
— 3 EL Kokosmilch (aus der Dose)
— 2 EL Ahornsirup

Orangenkuchen

□ Für eine Kastenform (35 cm)
∴ Für 10–12 Personen

- 2 ½ Bio-Orangen (½ zur Dekoration)
- 150 g Dr. Oetker Creme Vega
- 100 g Mandeldrink (ohne Zuckerzusatz)
- 85 g Dattelzucker
- 6 TL Rosenwasser
- 150 g gemahlene Pistazien
- 80 g Buchweizenmehl
- 1 TL Backpulver
- 1 Prise Salz
- 1 TL Zimtpulver
- Fett für die Form
- 1 EL Ahornsirup
- 1 Handvoll ganze Pistazien

1. Den Backofen auf 180 °C Umluft vorheizen.
2. Zuerst Wasser in einem Topf erhitzen und darin die beiden ganzen Orangen ungeschält 40 Minuten kochen.
3. Die Creme Vega zusammen mit dem Mandeldrink in einem Standmixer auf niedriger Stufe glattrühren. Herausnehmen und den Mixer säubern.
4. Die Orangen abtropfen lassen und separat auf hoher Stufe zu einer feinen Sauce pürieren.
5. Dattelzucker und Rosenwasser mit Creme Vega und Mandeldrink vermischen. Dann gemahlene Pistazien, Buchweizenmehl, Backpulver, Salz, Zimt und zuletzt die Orangensauce hinzugeben und 1 Minute verquirlen.
6. Den fertigen Teig in eine gefettete Kuchenform gießen und auf der mittleren Einschubleiste im vorgeheizten Backofen 30 Minuten backen. Ich nutze meistens eine perforierte Quiche-Form. Diese sind gut geeignet für vegane, getreidefreie Kuchen, da der Metallboden die heiße Luft besser zirkulieren lässt. Der bekannten britischen Fernsehköchin Mary Berry zufolge verhindert man so auch das Durchweichen des Kuchenbodens.
7. Abschließend den Kuchen mit Ahornsirup glasieren und mit Orangenscheiben sowie 1 Handvoll Pistazien dekorieren.

Tipp:
Der Kuchen schmeckt hervorragend mit einer Sauce aus veganer Zartbitterschokolade. Dazu für ein Wasserbad Wasser in einem Topf aufkochen. Die Schokolade in eine Schüssel geben, diese im Topf platzieren und schmelzen lassen. Achtung! Die Schokolade darf nicht anbrennen, weil sich sonst der Geschmack verändert. Den Orangenkuchen abkühlen lassen und dann mit der Sauce überziehen.

Über diese Variante freuen sich Fans von Schokolade mit Orangengeschmack besonders. Da vegane Schokolade manchmal raffinierten Zucker enthält, greife ich auf eine mit Kokosblütenzucker zurück.

Mohn-Limetten-Kuchen

1 Den Backofen auf 180 °C Umluft vorheizen.
2 Das Grundrezept ist dasselbe wie das vom einfachen Zitronenkuchen (Seite 37). In einem Standmixer oder mit einem Handrührgerät die Kokosmilch 3–4 Minuten glattrühren. Mit den restlichen Zutaten mischen und auf niedriger Stufe verrühren.
3 Kuchenform mit Backpapier auslegen, Teig hineingießen und auf der mittleren Einschubleiste im vorgeheizten Ofen 30–35 Minuten backen.
4 Ein Holzstäbchen in die Mitte des Kuchens stechen. Wenn keine Teigreste daran kleben, ist er fertig. Je nach Art des Backblechs oder der Form brauchen vegane Kuchen unterschiedlich lange. Deshalb mit der Stäbchenprobe testen, bis er fertig ist.

▢ Für 3 kleine Brotbackformen (15 cm)
∴ Für 10–12 Personen

— 400 ml Kokosmilch (aus der Dose)
— 125 g Mandelmehl
— 100 g Kichererbsenmehl
— 165 g Kokosblütenzucker
— 60 g Mohnsamen
— Saft von 1 Limette
— 2 TL Backpulver
— 1 Prise Salz
— ½ TL Vanilleextrakt

Pistazienkuchen

1 Den Backofen auf 180 °C Umluft vorheizen.
2 In einem Standmixer die Kokosmilch auf hoher Stufe glattrühren, dann die restlichen Zutaten hinzufügen und gut vermischen.
3 Kuchenform mit Backpapier auslegen und den Teig hineingießen.
4 Im vorgeheizten Ofen circa 30 Minuten backen.
5 Ein Holzstäbchen in die Mitte des Kuchens stechen. Wenn keine Teigreste daran kleben, ist er fertig.

Kleine Anmerkung:
Je nach Form braucht der Kuchen unterschiedlich lange.

▢ Für 3 kleine Brotbackfomen (15 cm)
∴ Für 10–12 Personen

— 400 ml Kokosmilch (aus der Dose)
— 100 g Kokosblütenzucker
— 65 g Xylit
— 70 g Kichererbsenmehl
— 65 g Mandelmehl
— 2 TL Backpulver
— 1 Prise Salz
— ⅓ TL Vanillemark
— 50 g gemahlene Pistazien
— 3 TL Rosenwasser

Schokoladen-Birnen-Kuchen

1 Den Backofen auf 180 °C Umluft vorheizen.
2 In einem Standmixer das Aquafaba auf hoher Stufe 5 Minuten verquirlen. Die fluffig-leichte Textur ähnelt der von geschlagenem Eiweiß.
3 Alle trockenen Zutaten mischen. Anschließend Joghurt, Olivenöl und Mandeldrink hinzugeben. Dann vorsichtig das Aquafaba unterheben, sodass möglichst viel Luft im Teig bleibt.
4 Die gewünschte Kuchenform mit Backpapier auslegen und die Seiten mit Olivenöl einölen. Den Teig hineingießen und 2–3 cm hoch gleichmäßig verteilen.
5 Die Birnen halbieren. Stiele und Kerngehäuse entfernen, Fruchtfleisch in dünne Scheiben schneiden und auf dem Kuchen anordnen. Man kann die Stücke entweder beliebig darauf legen oder so, dass ein flügelähnliches Muster entsteht. Danach die Haselnüsse grob zerkleinern und auf dem Kuchen verteilen.
6 Auf der mittleren Einschubleiste im vorgeheizten Backofen 45 Minuten backen. Ein Holzstäbchen in die Mitte des Kuchens stechen. Wenn keine Teigreste daran kleben, ist er fertig.

Kleine Anmerkung:
Je nach Form braucht der Kuchen unterschiedlich lange.

▢ Für eine Obstkuchenform (24 cm Durchmesser)
∴ Für 10–12 Personen

— 6 EL Kichererbsenwasser (Aquafaba)
— 150 g Dattelzucker
— 100 g ungesüßtes Kakaopulver
— 250 g glutenfreies Mehl
— ¼ TL gemahlene Vanille
— ½ TL gemahlener Kardamom
— 1 TL Backpulver
— 1 Prise Salz
— 3 EL Sojajoghurt
— 135 g Olivenöl
— 2 EL Mandeldrink (ohne Zuckerzusatz)
— 2 Birnen
— 1 Handvoll gehackte Haselnüsse

Bonfire-Apfelkuchen

Ende Oktober, wenn die Bäume auf dem Feld hinter unserem Haus voller Äpfel waren, backte Doris damit immer einen sogenannten Bonfire-Kuchen. Meine Aufgabe nach der Schule war es, die Früchte mit einer Freundin zusammen zu pflücken. Heute habe ich selber einen schönen Apfelbaum, zehn Meter von meinem Haus entfernt. Im Oktober lasse ich meine Tochter Gwen und ihre Schulfreunde die Äpfel sammeln.

Wir haben uns sehr gefreut, als der Apfelbaum 2020 zu blühen begann. Homeschooling, soziale Isolation und die Unsicherheit im Alltag machten die Zeit im Lockdown für alle zu einer Herausforderung. Die Farbenpracht und Schönheit waren eine Inspiration, für die wir täglich dankbar waren. Auf die Natur und ihre Zyklen kann man sich eben verlassen.

▢ Für eine Obstkuchenform (24 cm Durchmesser) oder 2 kleine runde Formen

∴ Für 10–12 Personen

Für den Teig:

— 2 Äpfel
— 400 ml Kokosmilch (aus der Dose)
— 165 g Kokosblütenzucker
— 75 g Mandelmehl
— 65 g Buchweizenmehl
— 2 TL Backpulver
— 1 Prise Salz
— ⅓ TL gemahlene Vanille
— 2 TL Lebkuchengewürz
— 2 cm Ingwer

Für das Topping:

— 1 TL Kokosblütenzucker
— 1 Prise frisch geriebene Muskatnuss

1 Den Backofen auf 180 °C Umluft vorheizen.
2 Die Äpfel waschen und in Scheiben schneiden.
3 Die Kokosmilch 5 Minuten verquirlen, dann die anderen Zutaten hinzugeben und gut vermengen.
4 Eine Kuchenform (ich verwende zwei kleine, runde) mit Backpapier auslegen, den Teig hineingießen und die Apfelscheiben darauf legen.
5 Für ein köstliches Toffee-Topping 1 TL Kokosblütenzucker und 1 Prise frisch geriebene Muskatnuss auf die Oberseite des Kuchens streuen, dann auf die mittlere Einschubleiste in den Ofen schieben.
6 Im vorgeheizten Backofen 50–55 Minuten backen. Ein Holzstäbchen in die Mitte des Kuchens stechen. Wenn keine Teigreste daran kleben, ist er fertig.

Kleine Anmerkung:
Je nach Form braucht der Kuchen unterschiedlich lange.

Mohn-Haselnuss-Kuchen

Der Mohn-Haselnuss-Kuchen ist eine Mischung aus einem englischen und einem traditionellen deutschen Hausfrauenrezept. Ich serviere dazu Cashewcreme und Himbeeren.

□ Für eine kleine Springform (20 cm Durchmesser)
∴ Für 10–12 Personen

Für den Kuchen:
— 300 g Dr. Oetker Creme Vega
— 80 ml Sojajoghurt
— 250 g + 2 EL Ahornsirup
— 1 Prise Salz
— ¼ TL gemahlene Vanille
— 1 TL Zimtpulver
— 200 g gemahlener Mohn
— 200 g gemahlene Haselnüsse
— 80 ml Kichererbsenwasser (Aquafaba)
— Fett für die Form

Cashewsahne (optional):
— 150 g Cashewkerne
— 50 ml Mandeldrink (ohne Zuckerzusatz)
— 1 EL Cashewmus
— 3 EL Kokosmilch (aus der Dose)
— 2 EL Ahornsirup

1 Den Backofen auf 130 °C Umluft vorheizen.
2 In einem Standmixer die Creme Vega zusammen mit dem Joghurt und 250 g Ahornsirup mischen. Circa 3 Minuten mixen und dann Salz, Vanille und Zimt hinzugeben.
3 Den Mohn und die gemahlenen Haselnüsse in einer Schüssel mischen. Dann 2 EL Ahornsirup einrühren, bis eine klebrige Masse entsteht.
4 Das Aquafaba auf höchster Stufe 5 Minuten schaumig schlagen.
5 Ein Drittel der Creme Vega und die Ahornsirupmischung einrühren. Das geschlagene Aquafaba vorsichtig unterheben. Ich nutze diesen meditativen Moment, um mich an Dick zu erinnern und mich wie er für all das Gute in meinem Leben zu bedanken. Denn im Nachhinein habe ich auch aus meinen negativen Erfahrungen etwas Positives gezogen.
6 Nach der kleinen Meditationspause ein Drittel der gemahlenen Haselnuss- und Mohnmischung hinzugeben. Im Wechsel das geschlagene Aquafaba und den Nussmix einrühren, bis alle Zutaten verbraucht sind.
7 Alles zusammen in einer gefetteten Backform verteilen. Ich würde eine Springform empfehlen, da dieser Kuchen recht krümelig ist und sich daraus leichter lösen, schneiden und servieren lässt.
8 Den Kuchen im vorgeheizten Backofen auf der mittleren Einschubleiste 30 Minuten backen. Anschließend bei 175 °C weitere 45–50 Minuten backen.
9 Den Kuchen aus dem Ofen nehmen und ein Holzstäbchen in die dickste Stelle stechen. Wenn beim Herausziehen am Holz keine Teigreste kleben, ist er fertig. Ein Tipp: Je nach Kuchenform kann die Backzeit stark variieren.

Cashewsahne:
Die Cashewkerne 20–30 Minuten in 250 ml heißem Wasser einweichen, abtropfen lassen und dann mithilfe eines Stabmixers mit den übrigen Zutaten cremig pürieren.

Den Kuchen abkühlen lassen und mit der Cashewsahne servieren. Zum Abschluss mit Himbeeren dekorieren.

Welsh Cakes mal anders

Ich bin mir nicht ganz sicher, was Doris vom Backen ohne Eier gehalten hätte. Sie wäre stolz auf mich gewesen und doch hätte sie meine Experimente als abenteuerlich empfunden. Dasselbe gilt für meine verrückten Teenager-Outfits, auf die Doris damals sehr höflich reagierte. Die Rezepte mit Kokosblütenzucker und Buchweizen wären ihr sicher zu „New Age" und „exotisch" gewesen, um sie ohne Skepsis zu probieren.

Ich höre sie sagen: „In London mag es Trend sein, Bach. Das heißt aber nicht, dass es gut schmeckt". Bach ist das walisische Wort für Kleine, wie sie mich oft nannte.

Hausgemachte Welsh Cakes gab es immer. Meist wurden sie täglich frisch gebacken und in einer luftdichten Dose in der Speisekammer aufbewahrt. Dort warteten sie, bis sie dem örtlichen Pfarrer oder Doris' jüngerem Bruder Maurice zum Tratschen mit einer Tasse Tee serviert wurden.

Welsh Cakes bekommt man im Rest von Großbritannien kaum. Dafür hat ein Großteil der Älteren in Mittelwales das Rezept verinnerlicht. Dort ist es Tradition und wird über Generationen weitergereicht. Meine Mutter und Gwenifer backten während der Sommerferien reichlich. Und dem nicht genug, verkleidete sich meine Tochter für die Dorfschau sogar als Welsh Cake. Sie machte den ersten Platz – britischer geht es nicht.

∴ Für 12–16 Personen

— 225 g Weizenmehl plus etwas für die Arbeitsfläche
— 2 TL Backpulver
— ½ TL Lebkuchengewürz
— 100 g vegane Margarine
— 85 g Zucker
— 70 g Rosinen
— 50 ml Mandeldrink (ohne Zuckerzusatz)
— Kokosöl für die Pfanne

1 Mehl, Backpulver und Lebkuchengewürz in einer Schüssel vermischen.
2 Die vegane Margarine in kleine Würfel schneiden und zum Mehl hinzugeben. Mit den Händen verkneten, bis Streusel entstehen. Dann mit dem Zucker, den Rosinen und dem Mandeldrink zu einem festen Teig verarbeiten.
3 Nun den Teig auf einer bemehlten Arbeitsfläche circa ½ cm dick ausrollen und dann mit einem Messer Kreise ausschneiden. Alternativ eignet sich ein umgedrehtes Glas als Ausstechform.
4 Traditionell würde man zum Backen eine Grillplatte aus Gusseisen verwenden. Da die heutzutage kaum noch jemand hat, eignet sich auch eine unbeschichtete Pfanne. Diese auf kleiner Stufe erhitzen und mit Kokosöl einfetten. Die Welsh Cakes darin 2–3 Minuten auf beiden Seiten backen. Dabei darauf achten, dass sie nicht anbrennen.

In Wales reicht man dazu Butter, aber die Kokos-Chia-Sahne (Seite 13) oder auch selbstgemachte Aprikosenkonfitüre ohne raffinierten Zucker (Seite 59) schmecken ebenso gut. Jetzt fehlt nur noch eine Tasse Tee.

— 5–6 Aprikosen
— 2 EL Ahornsirup
— ½ TL Zimtpulver

1 Die Schale der Aprikosen abziehen und den Kern entfernen. Anschließend zusammen mit 60 ml Wasser und Ahornsirup in einer Pfanne 8–10 Minuten kochen, bis sie weich sind. Zimt hinzugeben und weitere 3–4 Minuten köcheln lassen.
2 Nach dem Einkochen siebe und püriere ich die Mischung, damit die Konfitüre schön glatt wird. Wer mag, gibt 1 TL Chiasamen dazu und entfernt die Schale der Aprikosen nicht. Dann muss weder püriert noch gesiebt werden.

Bara Brith

„Bara Birth" bedeutet so viel wie „Gesprenkeltes Brot". Im White House gab es häufig Besuch, ob von Nachbarn, die mit ihren Hunden auf einen Tee vorbei kamen, oder Verwandten, die unterwegs für einen Plausch hielten. Doris begrüßte sie immer mit einem frischen Tässchen Tee und selbstgebackenem Bara Birth. Dazu gab es jede Menge Klatsch und Tratsch, vorzugsweise über die Unzulänglichkeiten des örtlichen Pfarrers.

Das Geheimnis des Bara Birth ist das Einweichen über Nacht in Tee (mit Chai gelingt eine koffeinfreie Variante), was für sein weihnachtliches Aroma und den Geschmack indischer Gewürze sorgt.

▢ Für 2 Kasten-Brotformen (15 cm)
∴ Für 8–10 Personen

— 30 g getrocknete Aprikosen
— 130 g Datteln
— 150 g Rosinen
— 300 ml starker Earl-Grey-Tee
— 1 Apfel
— 90 g gehackte Walnüsse
— 200 g Buchweizenmehl
— 200 g Mandelmehl
— 1 TL Backpulver
— 100 g Kokosblütenzucker
— 2 TL Lebkuchengewürz
— 1 Prise frisch geriebene Muskatnuss
— 75 ml Mandeldrink (ohne Zuckerzusatz)
— 3 EL Erdnussmus
— Kokosöl für die Form

1 Aprikosen und Datteln zerkleinern und mit Rosinen über Nacht in Tee einweichen. Ich verwende 3 Teebeutel Earl Grey auf 300 ml Wasser für einen kräftigen Geschmack.
2 Den Backofen auf 150 °C Umluft vorheizen. Den Apfel waschen und um das Kerngehäuse herum reiben.
3 Die gehackten Walnüsse und den geriebenen Apfel zur Mischung hinzugeben. Die übrigen Zutaten abmessen und in einem Standmixer 5 Minuten auf mittlerer Stufe pürieren.
4 Eine mittelgroße Kastenform mit Kokosöl einfetten und dann den Teig hineingießen.
5 Auf der mittleren Einschubleiste im vorgeheizten Backofen 1 Stunde 20 Minuten backen.

Königin Victorias Lieblingskuchen

Dieses Rezept war ein Klassiker von Doris Tanner. Für jede kirchliche oder lokale Veranstaltung backte sie vorfreudig einen Victoria Sponge Cake. Bei der Dorfschau gewann sie damit viele Preise.

Gwen und ich haben eine Weile gebraucht, um die richtigen Alternativen für das Mehl und die Eier zu finden. Auf das Ergebnis sind wir stolz.

Wir haben zwei Varianten kreiert: zum einen den White-House-Klassiker mit einer Füllung aus Himbeerkonfitüre und Buttercreme, zum anderen eine mit pinkfarbenem Topping. Sie wäre die Traumtorte zum Geburtstag einer sechsjährigen Gwen gewesen und hätte perfekt zu ihrer damaligen Garderobe gepasst. Außerdem ist sie ein Hit auf Kinderpartys.

▢ Für 2 kleine Springformen (15 cm Durchmesser)
∴ Für 10–12 Personen

Für den Kuchen:
- 60 ml Kichererbsenwasser (Aquafaba)
- 3 TL Sojajoghurt
- ¼ TL gemahlene Vanille
- 165 g Ahornsirup
- 60 g Buchweizenmehl
- 40 g Kichererbsenmehl
- 2 TL Backpulver
- Kokosöl für die Form

Für die Füllung und den Belag:
- 400 ml Kokosmilch (aus der Dose)
- 3 Gehäufte EL Chiasamen
- 250 g Heidelbeeren

Die Sahne einen Tag vor der Torte zubereiten:
1. Die Kokosmilch mit Chiasamen mischen.
2. In einem luftdichten Behälter über Nacht im Kühlschrank aufbewahren.

Für den Kuchen:
1. Den Backofen auf 175 °C Umluft vorheizen.
2. Das Kichererbsenwasser aus der Dose abgießen. Wir verwenden die Kichererbsen anschließend für unser Lieblingscurry am Sonntagabend.
3. Sojajoghurt, 20 ml warmes Wasser, gemahlene Vanille und Ahornsirup in einem Standmixer auf hoher Stufe 3 Minuten verquirlen. Mein Mixer hat zwei Rührschüsseln, was praktisch ist. In der anderen schlage ich das Aquafaba auf hoher Stufe 2–3 Minuten schaumig, bis es wie Eiweiß aussieht.
4. Dann ein Drittel der Ahornsirupmischung zum verquirlten Aquafaba hinzugeben und vorsichtig unterheben. Dabei darauf achten, dass die Luft nicht entweichen kann. So bleibt die Masse schön fluffig.
5. Mehlsorten abmessen und mit dem Backpulver vermengen. Nun die Ahornsirupmischung hinzugeben und möglichst viel Luft im Teig lassen. Abschließend das restliche Aquafaba einrühren.
6. Kleiner Tipp: Vor dem Befüllen der Kuchenform sollten alle trockenen Zutaten gut in den Teig eingearbeitet sein. Ich habe 2 Formen mit 15 cm Durchmesser verwendet und diese vorher mit Kokosöl eingefettet. Den Teig eingießen und auf der mittleren Einschubleiste im vorgeheizten Backofen 14–15 Minuten backen.
7. Den Kuchen aus dem Ofen nehmen und ein Holzstäbchen in die dickste Stelle stechen. Wenn beim Herausziehen am Holz keine Teigreste kleben, ist er fertig. Ein Tipp: Je nach Kuchenform kann die Backzeit stark variieren.
8. Den Kuchen vollständig abkühlen lassen und gegebenenfalls mit einem sauberen, trockenen Geschirrtuch abdecken. Mich erinnert dies daran, wie man ein Baby vor dem Mittagsschlaf zudeckt. In der Zwischenzeit die Kokos-Chia-Sahne zubereiten (Seite 13).
9. Einen Tortenboden auf eine Platte geben und die Kokos-Chia-Sahne großzügig darauf verstreichen. Heidelbeeren waschen und die Oberfläche damit dekorativ belegen.
10. Den zweiten Boden mit der flachen Seite nach unten darauflegen. Dies ist die klassische Version.

PRINZESSIN-VICTORIA-TORTE
Variation

Eine bessere Farbe und Konsistenz erhält man bei diesem Rezept mit gefrorenen Heidelbeeren. Auch der Anzahl der Böden sind keine Grenzen gesetzt, sofern man die Mengen der Zutaten entsprechend erhöht.

1 Das Originalrezept für den Kuchen verwenden.
2 Die übrige Kokos-Chia-Sahne mit 100 g gefrorenen Heidelbeeren und 150 g Dr. Oetker Creme Vega vermischen. Je mehr Heidelbeeren im Mix sind, desto dunkler und satter wird die Farbe.
3 Die Mischung färbt sich natürlich pink und kann bei Bedarf mit etwas mehr Creme Vega nachgedickt werden.
4 Den oberen Kuchenboden abheben und die Kokos-Chia-Sahne mit den Heidelbeeren abwechselnd schichten. Die pinkfarbene Creme anschließend als Garnitur oben auf den Kuchen verteilen. Wer möchte, garniert den Kuchen noch mit essbaren Blüten.

Traditionelle Scones

Scones sind ein britischer Klassiker und Doris liebte sie. Egal, um welche Veranstaltung im Dorf es sich handelte, es gab Dutzende in Kombination mit Welsh Cakes und Victoria Sponge Cake. Im White House aßen wir Scones mit Butter, während im berühmten Ritz Hotel in London Erdbeerkonfitüre und Sahne dazu gereicht wird. Meine serviere ich mit selbstgemachter Feigen-Thymian-Konfitüre und Kokos-Chia-Sahne für das perfekte Finish.

1 Die Cranberries 2–3 Stunden in Rum oder Tee einweichen.
2 Den Backofen auf 200 °C Umluft vorheizen.
3 Mehl, Backpulver, Salz und Margarine in eine Schüssel geben und verkneten. Doris würde sagen, die Streusel sind super für die Fingernägel.
4 Die eingeweichten Cranberries hinzugeben und mit der Creme Vega, Mandeldrink und dem Dattelzucker mischen. Mit den Händen zu einer Kugel formen. Mich erinnert das sehr an den Keramikunterricht in der Kunstschule.
5 Ein Schneidebrett mit Mehl bestäuben und den Teig 1 cm dick ausrollen. Dann die Scones mit einem Plätzchenausstecher oder umgedrehten Glas ausstechen.
6 Mit Ahornsirup glasieren. Ein Backblech mit Backpapier belegen und die Scones darauf auf der mittleren Einschubleiste im vorgeheizten Ofen 10–20 Minuten backen.

∴ Für 10–12 Personen

— 50 g getrocknete Cranberries
— 2 EL Rum oder schwarzer Tee
— 350 g glutenfreies Mehl plus etwas für die Arbeitsfläche
— 3 TL Backpulver
— 1 Prise Salz
— 75 g vegane Margarine
— 75 g Dr. Oetker Creme Vega
— 150 g Mandeldrink (ohne Zuckerzusatz)
— 55 g Dattelzucker
— 1 EL Ahornsirup

Die besten Geburtstags-Dattelschnitten

Dies ist meine absolute Lieblingssüßigkeit.

Gwenifer weiß, wie vernarrt ich in diese Leckerei bin. Deshalb backt sie mir den Kuchen beziehungsweise die Dattelschnitten immer zu meinem Geburtstag. Sie dagegen bekam in den ersten Jahren einen selbstgemachten Kuchen von ihrer deutschen Oma, während ich zuckerfreie Experimente wagte. Zu Gwens Geburtstag am 1. April machte ich, dem Datum entsprechend, lieber Scherze. Letztlich wollte ich so mein fehlendes Backtalent überspielen. Das Ergebnis waren Geburtstagskuchen in Form einer mit Kerzen dekorierten Banane im Hot-Dog-Brötchen. Tatsächlich sah es ziemlich lustig aus.

1 Das Kokosöl bei schwacher Hitze in einem kleinen Topf zerlassen.
2 Für den Boden Haferflocken im Mixer zerkleinern, dann mit dem Ahornsirup, Salz und geschmolzenem Kokosöl mischen.
3 Die gemahlenen Mandeln dazugeben und gut vermengen. Die Mischung mit den Fingern in eine Form geben und festdrücken.
4 Datteln, Cashewmus, Haselnussmus und Haferdrink mit einem Stabmixer zu einer karamellartigen Masse verarbeiten und auf dem Kuchenboden gleichmäßig verteilen.
5 Die Schokoladenglasur zubereiten. Dazu Kakaobutter und -pulver mit Carob-Pulver und Ahornsirup bei schwacher Hitze schmelzen.
6 Über die Dattelfüllung gießen und gleichmäßig verteilen.
7 Damit es noch köstlicher wird, kann man grobes Meersalz und/oder Pekannüsse darüber streuen.
8 Einfrieren, bis die Schokolade fest geworden ist, und kalt genießen.

∴ Für 8–10 Personen

Für den Boden:
— 2 EL Kokosöl
— 125 g Haferflocken
— 2 EL Ahornsirup
— 1 Prise Salz
— 50 g gemahlene Mandeln

Für die Dattelfüllung:
— 20–25 Datteln
— 1 EL Cashewmus
— 1 EL Haselnussmus
— 4 EL Haferdrink (ohne Zuckerzusatz)

Für die Schokoladenglasur:
— 1 EL Kakaobutter
— 2 EL ungesüßtes Kakaopulver
— 1 TL Carob-Pulver
— 1 EL Ahornsirup

Außerdem nach Belieben:
— Grobes Meersalz
— Grob gehackte Pekannüsse

Die Schönheit dieses traditionellen japanischen Gartens kann man nicht in Worte fassen.
Ich sah ihn während einer Recherchereise nach Kyoto. Japan, ca. 2011.

Matcha-Muffins

Beim Anblick eines grünen Kuchens hätte Doris vermutlich gedacht, er sei mit Erbsen gemacht worden. Und das, obwohl Tee sowohl in Wales als auch in Japan zum Backen verwendet wird.

1 Den Backofen auf 180 °C Umluft vorheizen.
2 Den Mandeldrink mit dem Öl und der Creme Vega verrühren.
3 In einem Standmixer die trockenen Zutaten, mit Ausnahme der gehackten Mandeln, circa 5 Minuten auf mittlerer bis hoher Stufe verquirlen, bis eine fluffig-lockere Masse entsteht. Normalerweise verwende ich lieber Kokosblütenzucker beim Backen, doch hier nehme ich Xylit, damit der Teig hell bleibt.
4 Die Mischung in Muffinförmchen oder ein geöltes Muffinblech füllen und die gehackten Mandeln darüber streuen.
5 Auf der mittleren Einschubleiste im vorgeheizten Backofen 25 Minuten backen. Mittels Stäbchenprobe testen, ob die Muffins fertig sind. Wenn beim Herausziehen am Holz Teigreste kleben, weitere 5 Minuten backen und das Ganze wiederholen. Zwischendurch nachsehen, damit die Muffins nicht anbrennen.

▢ Für eine 12-er-Muffinform
∴ Für 8–10 Personen

— 100 ml Mandeldrink (ohne Zuckerzusatz)
— 2 EL Pistazienöl
— 150 g Dr. Oetker Creme Vega
— 40 g Reismehl
— 60 g Mandelmehl
— 20 g fein gemahlene Pistazien
— 140 g Xylit
— 2 TL Backpulver
— ½ TL Natron
— ¼ TL gemahlene Vanille
— 1 ½ TL Matcha-Grünteepulver
— 1 Handvoll gehackte Mandeln

Apfelblüte in meinem Garten. Hamburg, 2021.

Die Wartezeit während des Kuchenbackens kann man sich mit Yoga vertreiben. Ich übe dann am liebsten die Adlerpose. Eine andere Lieblingsbeschäftigung von mir ist es, in solchen Momenten meinen Garten zu bewundern. Im Frühling und Sommer sprießt es dort aus allen Ecken. Mit Blumen hole ich mir die Natur ins Haus. Sie hauchen einem Raum Leben ein und können die Energie beeinflussen.

Ist gesund legal?

Essen als Medizin
Gesundes Frühstück und Snacks

Mein Vater John auf einem seiner
Oldtimer-Traktoren. Mittelwales, 2018.

Gwenifer und ich verbrachten 2018 einen zweiwöchigen Urlaub in Wales.

Begrüßt wurden wir von meinem Vater, der mit Ende 70 zum ersten Mal nicht ganz er selbst zu sein schien. Er hatte starke Schmerzen, ging am Stock und war enttäuscht von der ärztlichen Hilfe. Sein Zustand war beunruhigend, weshalb ich ihn unbedingt aufmuntern wollte. Meine Idee: Detox. Zugegebenermaßen wollte ich ihm damit einen kleinen Hoffnungsschimmer geben, statt sein Leben mit 77 Jahren komplett umzukrempeln. Ich war dann umso erstaunter, als genau das passierte.

Mein Vater John begann seine Ernährung auf Obst, Gemüse und wenig Fleisch umzustellen. Weder Kaffee, noch Alkohol, Zucker, Getreide oder Milchprodukte – der ersten Bauern in meiner Heimat, der zusehends auf Milchprodukte verzichtet. Natürlich sorgte seine Ernährungsumstellung für Aufsehen und eine Wirtschaftsdebatte in der Dorfgemeinschaft. Viele Bauernhöfe sind auf Milchprodukte und Viehzucht spezialisiert. Dementsprechend stand die Frage im Raum, welche Auswirkungen seine Entscheidung auf ihre Unternehmen haben könnte.

Am ersten Morgen des Detox' hörte ich, wie mein Vater aufstand. Zehn Minuten später begleitete ich ihn in die Küche. Er wollte eine Dose Mischobst öffnen, woraufhin ich ihn nach dem Grund dafür fragte. Er antwortete, dass er sein Frühstück vorbereitete. „Du

Meine Schwester kam herein und fragte: „Was isst du, Papa? Ist das legal?". Gwenifer und ich wurden zur „Lebensmittelpolizei"...

es war hart für ihn, kein Frage. Während der ersten drei Tage flehte meine Mutter mich an, das Detox abzubrechen. Die Laune meines Vaters war nicht auszuhalten. Jetzt litt er auch noch unter Kopfschmerzen, weil er auf bestimmte Lebensmittel verzichtete. Damit er weitermachte, überzeugten Gwenifer und ich ihn mit der Aussicht darauf, dass sich sein Zustand in wenigen Tagen verbessern würde. Nach einer Woche wurden die Schmerzen weniger. Zwei Wochen später saß er wieder fröhlich auf seinem Lieblingstraktor. Niemand war mehr geschockt als wir. Auch die Nachbarn kamen zu uns und fragten, was mit John passiert war.

Er schaffte es sogar, im Pub nur Wasser zu trinken. Mein Vater bewies damit eine unglaubliche Willensstärke, zumal er viele schiefe Blicke und spöttische Kommentare kassierte. Wahrscheinlich ist er einer sagtest, ich soll Obst essen". Ich musste lachen. „Papa, das ist purer Zucker mit wenigen Früchten". Da wurde mir bewusst, dass unser Verständnis von Ernährung ganz unterschiedlich ist. Vermutlich würden meine Tochter und zukünftige Generationen über viele Dinge, die ich esse, lachen.

Zwei Wochen Detox später und das Ergebnis überraschte uns alle. Für meinen Vater machte Gwenifer ein paar Snacks aus Datteln mit Nussmus und Porridge mit selbstgemachtem Früchtekompott. Meine Schwester kam herein und fragte: „Was isst du, Papa? Ist das legal?". Gwenifer und ich wurden zur „Lebensmittelpolizei" und mein Vater der gesetzestreue Bürger.

„Lass dein Essen deine Medizin sein" ist ein bekanntes Zitat von Hippokrates. Heute achtet mein Vater nicht mehr strikt auf seine Ernährung, es sei denn, seine von Entzündungen bedingten Schmerzen nehmen zu. Dann wird er wieder vorsichtiger bei seinen Mahlzeiten. Die Wirkung merkt er nach wenigen Tagen, was erstaunlich ist. Seine Ernährung ist größtenteils pflanzlich mit möglichst wenig Getreide, Milchprodukten und Zucker. Dies widerspricht eindeutig seiner jahrzehntelangen Erfahrung und dem, womit er aufgewachsen ist. Ich bin stolz, dass meine Eltern offen dem gegenüber sind, was in Wales als extrem modern bezeichnet wird.

Das Erlebnis ermutigte Gwenifer und mich dazu, uns näher mit der Wirkung von Ernährung auf unseren Körper auseinanderzusetzen. Nahrung wird zu Energie, die wir zum Leben brauchen. Mein Tipp: Das Buch *China Study* von Colin Campbell und Thomas M. Campbell. Es ist weitaus wissenschaftlicher und fundierter als meine eigene Recherche, die auf Erfahrung basiert.

Seine Ernährung ist größtenteils pflanzlich […]. Dies widerspricht eindeutig seiner jahrzehntelangen Erfahrung und dem, womit er aufgewachsen ist.

Nachdem ich mehrere Bücher über Gesundheit gelesen und an Yoga- sowie Meditationsseminaren teilgenommen hatte, tastete ich mich langsam an eine pflanzenbasierte Ernährung heran. Ob ich Veganerin bin? Darauf antworte ich immer, dass meine Tochter und ich „Reduziererinnen“ sind. Alkohol, Milchprodukte, Fleisch, Getreide und raffinierten Zucker nehmen wir nur in Maßen zu uns. Das bedeutet nicht, dass wir komplett darauf verzichten. Pflanzen stehen bei uns zu Hause im Fokus, wobei ich letztes Jahr zweimal Fisch und einmal im Monat eine Milchproduktart gegessen habe. Das Gleiche gilt für Alkohol. Partys sind angesichts der aktuellen Situation sowieso nicht angesagt. Abgesehen davon hebe ich mir ein gutes Glas Wein lieber für einen besonderen Anlass auf. „Reduziererin“ zu sein und bis auf Weihnachten oder ein familiäres Event zu warten, scheint schon irgendwie altmodisch.

Gesellschaftliche Strömungen sind entweder kurzlebig oder sie beeinflussen unser Leben ein ganzes Jahrzehnt. In der Mode beschreibt man dies als Mikro- und Makro-Trends. Könnte es also sein, dass ein indirekter Zusammenhang zwischen der Passion für minimalistisches Design und einer reduzierten Ernährungsweise besteht?

Ich muss dazu sagen, dass ich weder eine Expertin bin, noch möchte ich mit diesem Kochbuch falsche Versprechen geben. Die Gesundheit meines Vaters hat sich zwar verbessert, dennoch fällt es ihm schwer, an einer einschränkenden Ernährungsweise festzuhalten. Mein Ziel ist es, einfache und schnelle Rezepte zu teilen. Sie sollen Freude bereiten und lecker schmecken, sowohl in der veganen Variante als auch in der Version ohne Getreide und raffinierten Zucker. Der Geschmack mag anders sein, aber daran habe ich mich gewöhnt. Ich möchte auf diesem Weg an Traditionen festhalten, indem ich sie für zukünftige Generationen modernisiere. Meine veganen Kuchen ohne Getreide und raffinierten Zucker sind immer ein Highlight, wenn ich Freunde besuche. Sie sind überrascht, dass Backen ohne Ei und Butter gelingt. Und so werden meine Kreationen aus *Dear Doris*, wie die meiner Großmutter, zu einem willkommenen Gesprächsthema.

Der Fluss neben dem White House. Dort spielte ich
als Kind jeden Sommer. Mittelwales, 2019.

In den Sommermonaten fahre ich oft durch diesen Wald
zur Arbeit, weil es so schön ist. Hamburg, 2020.

Ich bin ständig unterwegs. Dass ich in der Früh im Flieger sitze oder um vier Uhr morgens der Wecker klingelt, gehört zu meinem Leben dazu. An einem normalen Arbeitstag wache ich um fünf Uhr auf und döse noch etwas. Als ich mit der Meditation begann, machte ich vorab fünf Minuten Yoga. Nachdem ich mich etwas eingelesen hatte, waren es 20 Minuten. Mittlerweile gehört beides zu meinem Morgenritual dazu. Meditation lässt mich innerlich wie äußerlich ruhiger werden. Mein Stresslevel ist gesunken und sowohl meine Konzentration als auch meine Kreativität haben sich verbessert. Yoga und Meditation haben mir gezeigt, wie überwältigend gut das Leben es mit mir meint. Denn auch aus den Steinen, die mir in den Weg gelegt wurden, ließ sich letztlich etwas Schönes bauen. Nachdem ich morgens meditiert und eine Runde Yoga gemacht habe, bin ich motiviert und bereit, der Modewelt mit einem Lächeln zu begegnen.

Joghurt mit allem!

∴ Für 1 Person

— 7 EL Kokosjoghurt
— 1 EL Ahornsirup
— 1 Handvoll Cashewkerne
— ½ Banane
— 1 EL Kokossahne oder Kokos-Chia-Sahne (Seite 13)

Wir haben schon viele Wochen auf einer kleinen Insel in der Andamanensee im Westen von Thailand verbracht. Seit Gwen 18 Monate alt war, reisen wir einmal im Jahr für zwei Wochen dorthin, oft im Frühling. Die Insel ist mit knapp 15 Resorts überschaubar. Strom gibt es jeden Abend für zwei Stunden. Straßen? Fehlanzeige. Man sieht einzig zwei Motorräder, die entlang der weißen Sandstrände fahren. Es ist der perfekte Zufluchtsort in der modernen, globalisierten Welt. Bis 2017 gab es auf der Insel kein WLAN und der einzige Ort, an dem man ein Mobilfunksignal bekam, war auf der Spitze eines Hügels. Eine zweistündige Wanderung bei über 30 Grad machten einen Anruf im Büro plötzlich weit weniger wichtig.

Im Urlaub beschäftigten wir uns damit, schwimmen zu gehen, am Strand zu spielen und Yoga zu praktizieren. Abgesehen davon verfügte unser Resort über eine offene Küche. Gwenifer machte diese zu ihrem Spielplatz, zumal sie es liebte, vom Meer direkt zu Na zu rennen. Sie war die Küchenchefin und hat uns auch gezeigt, wie man die besten Pfannkuchen der Welt zubereitet. Ein weiterer Höhepunkt für Gwenifer waren unsere Strandspaziergänge am Nachmittag, zu denen ein frischer Saft ebenso dazu gehörte wie ihre Lieblings-Leckerei: *Joghurt mit allem*. Unsere vegane Version schmeckt zum Frühstück oder als Snack.

Zuerst den Kokosjoghurt und dann etwas Ahornsirup in ein Glas geben. Dann die Cashewkerne darauf verteilen. Die Banane in Scheiben schneiden und die Hälfte davon dazu geben. Mit 1 EL Kokos-Chia-Sahne und dem restlichen Obst abrunden.

Kalt (und am besten gemeinsam) genießen!

Einfaches und schnelles Granola

1 Den Backofen auf 180 °C Umluft vorheizen. Das Kokosöl in einem kleinen Topf zerlassen.
2 Alle Zutaten gut vermengen, dann auf einem Backblech verteilen.
3 Auf der mittleren Einschubleiste 12 Minuten backen. Nach 5 Minuten umrühren, damit das Granola nicht zusammenklebt.

Tipp:
Das Grundrezept kann variiert werden, zum Beispiel mit getrockneten Früchten oder Kakaonibs.

▢ Für ein Backblech
∴ Für 10–12 Personen

— 325 g Haferflocken
— 75 g Mandelblättchen
— 1 TL Zimtpulver
— 100 g Kokosöl
— 125 g Ahornsirup
— 2 EL Leinsamen

Dattelriegel mit Rohschokolade

Der perfekte Nachmittags-Snack. Jeden Tag um nahezu dieselbe Zeit meldet sich meine innere Uhr mit dem Verlangen nach etwas Süßem. Diese Riegel sind dann genau richtig. Einfach einfrieren und zwei oder drei zum Arbeiten mitnehmen. Auch für Studenten sind sie ein gesunder Snack.

1 Datteln entsteinen und zusammen mit Rosinen und gehackten Mandeln einweichen. Dann 10 Minuten in dem Einweichwasser einkochen. Das Kokosöl in einem kleinen Topf zerlassen.
2 Das Wasser abgießen und die restlichen Zutaten hinzufügen. Mit einem Handrührgerät oder Stabmixer zu einer Paste pürieren. Das Gerät sollte genug Power haben, um die gewünschte Konsistenz zu erzielen.
3 Zunächst eine Kuchenform einölen, dann die Mischung hineingeben und festdrücken. Zum Abkühlen 30 Minuten in den Kühlschrank stellen.
4 Wenn die Masse fest geworden ist, in Riegel schneiden und mit den restlichen gehackten Mandeln dekorieren.

∴ Für 16–20 Personen

— 10 Datteln
— 35 g Rosinen
— 150 g gehackte Mandeln plus einige für die Dekoration
— 50 g Kokosöl plus etwas für die Form
— ½ TL Vanilleextrakt
— 45 g Haferflocken
— 10 g Kokosraspel
— 30 g Rohkakaopulver (aus ungerösteten Bohnen)
— 15 g Chiasamen

Sunshine Bowl

Am Wochenende bereite ich drei bis vier von diesen Gläsern vor, um sie als Frühstück oder Snack zur Arbeit mitzunehmen.

1 Die Mango schälen, in Würfel schneiden, in einen Topf geben und 5 Minuten bei schwacher Hitze köcheln lassen.
2 Haferflocken, Pflanzendrink, Ahornsirup (je nach Geschmack kann weniger verwendet werden), Chiasamen und Mandeln in einem Topf auf niedriger Stufe 5–8 Minuten aufkochen, dabei ständig rühren.
3 Jedes Glas bis zur Hälfte mit der Mango füllen. Darauf den Porridge verteilen und mit Kokosjoghurt bedecken.

∴ Für 2 Personen

— ½ Mango
— 90 g Haferflocken
— 240 ml Pflanzendrink (ohne Zuckerzusatz)
— 3 EL Ahornsirup
— 1 EL Chiasamen
— 1 EL gehackte Mandeln
— Kokosjoghurt

Sunshine Bowl. Rechte Seite: Dattelriegel mit Rohschokolade

Cremiger Porridge

Soweit ich mich erinnern kann, aß Dick jeden Morgen Porridge. Damit die Haferflocken über Nacht einweichen konnten, bereitete er ihn jeden Abend vor. Dazu mischte er eine Tasse Haferflocken mit einer Tasse Wasser. Wenn er am nächsten Tag um 6 Uhr morgens aufwachte, gab er Milch hinzu und ließ das Ganze 5–10 Minuten köcheln. Sein Topping bestand aus jeder Menge Zucker, dazu gab es ein Glas kalte Milch. Heute weiß ich, warum er so einen großen Appetit hatte. Neben Doris' Kuchen förderte sein Zuckerkonsum das ständige Verlangen.

Während meiner Studienzeit wollte ich auf Porridge nicht verzichten. Irgendwann stellte ich jedoch fest, dass mich die zuckerhaltigen Rezepte meines Großvaters kaum bis zum Mittagessen satt machten.

Gwenifer ist ebenfalls ein Porridge-Fan, weshalb sie ihn regelmäßig zum Mittagessen kocht. Dazu gibt es frisch geschnittenes Obst, Kakaonibs und gehackte Haselnüsse. Die Kombination ist nicht nur gesund, sondern sie schmeckt auch wie ein köstlicher Schokoriegel.

∴ Für 1 Person

— 90 g Haferflocken
— 1 EL Kokosmilch (aus der Dose)
— 1 Prise Salz
— 1 EL Ahornsirup

1 Haferflocken, 360 ml Wasser, Kokosmilch und Salz in einen Topf geben und bei mittlerer Hitze unter ständigem Rühren aufkochen. Nach 5 Minuten vom Herd nehmen.
2 Statt eines Toppings den Brei mit Ahornsirup süßen.

Mehr-Speck-auf-den-Rippen-Küchlein

Wenn etwas besonders lecker aussah, fragte Dick: „Macht das mehr Speck auf den Rippen?“ Er reagierte oft so, wenn ihm Essen serviert wurde. Dick war stolz auf seine imposante Statur und dementsprechend nur interessiert, wenn seine Frage mit Ja beantwortet wurde.

□ Für eine 12er-Muffinform
∴ Für 10–12 Personen

— 1 überreife Banane
— 2 EL Ahornsirup
— 2 EL Cashewmus
— 1 EL Kokosöl plus etwas für das Blech
— 180 g Haferflocken
— 1 Banane
— 10–12 EL Kokos-Chia-Sahne (Seite 13)
— 4–5 Thymianzweige

1 Den Backofen auf 180 °C Umluft vorheizen.
2 Zuerst den Boden vorbereiten. Dazu die überreife Banane schälen, zerdrücken und in einen Topf geben. Ahornsirup, Cashewmus und Kokosöl hinzugeben. Auf mittlerer Stufe unter Rühren erhitzen, bis eine glatte Paste entsteht. Aufpassen, dass die Mischung nicht zu heiß wird und Blasen entstehen. Den Topf vom Herd nehmen und die Haferflocken untermischen.
3 Ein Muffinblech mit Kokosöl einfetten. Dann die Mischung gleichmäßig darin verteilen und mit den Händen festdrücken. Für die Obstfüllung sollten die Küchlein die Form einer Tasse haben. Mir gefällt ein natürliches Backergebnis, aber man kann die Oberseite des Teigs auch mit einem flachen Messer glätten.
4 Die zweite Banane schälen, in Scheiben schneiden und die Muffins mit je 2–3 Bananenscheiben dekorieren. Anschließend im vorgeheizten Ofen auf der mittleren Einschubleiste 20 Minuten backen.
5 Nach dem Abkühlen je 1 EL der Kokos-Chia-Sahne darauf verteilen und mit Thymianzweigen dekorieren.

American Cookies

∴ Für 12–14 Personen

- 35 g Leinsamenmehl
- 35 g Buchweizenmehl
- ½ TL Natron
- ¼ TL Backpulver
- 1 TL Lebkuchengewürz
- ½ TL Vanilleextrakt
- 15 g ganzer Buchweizen
- 70 ml Kokosmilch (aus der Dose)
- 50 g Kokosblütenzucker
- 60 ml Ahornsirup
- 75 g Haferflocken
- 40 g gehackte Pekannüsse
- 15 g Sesamsamen
- 1 Prise Salz
- 40 g Rosinen
- 30 g getrocknete Datteln
- 1 EL Chiasamen

1. Den Backofen auf 190 °C Umluft vorheizen.
2. Leinsamenmehl, Buchweizenmehl, Natron, Backpulver, Lebkuchengewürz, Vanilleextrakt und ganzen Buchweizen in eine Schüssel geben und umrühren. Statt Leinsamen- eignet sich auch Buchweizenmehl. Kokosmilch, Kokosblütenzucker und Ahornsirup hinzugeben und in einem Standmixer 5 Minuten mischen.
3. Danach Haferflocken, Nüsse, Sesamsamen, Salz und Trockenfrüchte dazugeben und erneut kurz mixen, bis alle Zutaten gut vermengt sind.
4. Die Masse mit einem Löffel portionieren und mit den Händen kleine Kugeln formen. Für extragroße Cookies eignet sich ein Servierlöffel. Bei mittlerer Größe reicht ein Teelöffel.
5. Ein Backblech mit Backpapier auslegen. Kekse mit 5 cm Abstand verteilen, damit sie Platz haben. Zur Dekoration mit Chiasamen bestreuen.
6. Auf der mittleren Einschubleiste im vorgeheizten Backofen 8–10 Minuten backen und nach dem Abkühlen mit einer Tasse Tee genießen.

Dattelpralinen

Gwenifers Idee von gefrorenen Datteln mit Füllung erinnerte mich an Pralinen. Wenn möglich, verwende ich für dieses Rezept vegane Schokolade mit Kokosblütenzucker (und daher frei von raffiniertem Zucker). Diese findet man am ehesten in einem gut sortierten Bioladen. Abgesehen davon schmecken die Datteln auch ohne Schokolade.

1 Die Medjool-Datteln entsteinen. Das Innere mit Haselnussmus oder einem Nussmus nach Wahl füllen.
2 Die weiße Schokolade im Wasserbad schmelzen.
3 Eine Seite der Datteln in die weiße Schokolade tauchen. Die Datteln dann einfrieren.
4 Nach 1 Stunde Gefrierzeit die Zartbitterschokolade schmelzen und dann die Datteln damit überziehen.
5 Kurz ins Tiefkühlfach stellen und 5–10 Minuten später servieren.

∴ Für 10 Pralinen

— 10 Medjool-Datteln
— 10 TL Haselnussmus oder anderes Nussmus
— 40 g vegane weiße Schokolade
— 40 g vegane Zartbitterschokolade

Schokomandeln

1 Für den Schokoladenüberzug die Kakaobutter mit Kakaopulver, Ahornsirup und Carob-Pulver auf niedriger Stufe erhitzen und schmelzen.
2 Die Mandeln hinzugeben und solange umrühren, bis sie mit der Schokolade bedeckt sind.
3 Mandeln auf einem Teller oder Blech trocknen lassen, Kakaopulver darüber stäuben und servieren.

∴ Für 4 Personen

— 1 EL Kakaobutter
— 1 EL ungesüßtes Kakaopulver plus etwas zum Bestäuben
— 1 EL Ahornsirup
— 1 TL Carob-Pulver
— 100 g Mandeln

Nächste Seite: Schokomandeln und Schokoladige Bliss Balls

Schokoladige Bliss Balls

1 Die Datteln über Nacht in Wasser einweichen.
2 Datteln abtropfen lassen und mit einem Stabmixer mit den anderen Zutaten mischen, bis eine gleichmäßige Masse entsteht. Diese zu 1–2 cm großen Kugeln formen.
3 Für den Schokoladenüberzug Kakaobutter und Kakaopulver mit dem Ahornsirup und Carob-Pulver bei schwacher Hitze schmelzen.
4 Die Bliss Balls vollständig in die Schokolade tauchen. Auf einem Teller oder Blech trocknen lassen.
5 Gehackte Mandeln darüber streuen und die Bliss Balls in einer Dose ins Gefrierfach stellen.
6 5–10 Minuten vor dem Verzehr aus dem Gefrierfach nehmen.

Schneller gemacht und ebenso köstlich sind die Bliss Balls ohne Topping.

∴ Für 10–12 Kugeln

Für die Bliss Balls:
— 8 Datteln ohne Stein
— 50 g ungesüßtes Kakaopulver
— 30 g Haferflocken
— 30 g gemahlene Mandeln
— 1 Handvoll gehackte Mandeln zur Dekoration

Für den Schokoladenüberzug:
— 1 EL Kakaobutter
— 2 EL ungesüßtes Kakaopulver
— 1 EL Ahornsirup
— 1 TL Carob-Pulver

Geburten, Geburtstage und helle Ideen

Wissenschaft damals und heute
Saftrezepte

Geburten und Geburtstage werden im Büro mit einem hübsch dekorierten Tisch und Torten gefeiert.

Dass ich dem Anlass entsprechend einen Zitronenkuchen backe (den mag unser Design Department am liebsten), ist fast schon Tradition. Manfred aus dem Desing-Team für Männermode macht dann immer Witze. Jedes Mal, wenn ich einen Kuchen backe, fragt er: „Ist da Ei drin?“. Für seinen Geburtstag im Februar habe ich ihm deshalb zwei Spiegeleier serviert – ganz auf die britische Art, sowohl was das Frühstück als auch den Humor betrifft. *Eigentlich* war es ein veganer Biskuitkuchen mit Kokos-Sahne, Kokosflocken und Pfirsichscheiben. Er war absolut begeistert und hat wirklich herzlich darüber gelacht.

Als Baby war Gwen ein willkommener Gast im Design-Team. Ich begann schon kurz nach ihrer Geburt wieder mit der Arbeit und nahm sie deshalb oft mit ins Büro. Sie war unkompliziert und liebte die Aufmerksamkeit der Menschen um sie herum. Wenn sie müde wurde, legte ich sie zum Schlafen auf einen Vintage-Schaffellmantel, der in einem Schrank hinter meinem Schreibtisch lag – so viel zum Thema „Schrankliebe“. Ich denke, das erklärt auch ihre Leidenschaft für Secondhand-Mode. Gwen war von klein auf ein Teil der Closed-Familie und hatte das Glück, mich auf vielen Geschäftsreisen begleiten zu dürfen. Gemeinsam durchstöberten wir einige der besten Flohmärkte weltweit, unter anderem in London (Portobello), Paris (Clignancourt) und Toronto (Kensington). Mittlerweile haben wir uns gut eingespielt: Gwen findet für mich die tollsten Vintage Pieces, danach entdecken wir die besten veganen Cafés und Restaurants. Ich recherchiere die Stores, während sie das Essen plant – ein echtes Dream Team! Heute arbeitet sie in einem der Läden von Closed in Hamburg. Dort erzählt sie Kund*innen Geschichten über unsere Arbeit im Design Department, unser kreatives Schaffen im Studio und ganz selbstverständlich unsere köstlichen Kuchen.

Natürlich dreht sich nicht alles nur um Süßes. Weil es viele Vorteile hat, faste ich der Yogi-Tradition nach regelmäßig bei Voll- und Neumond sowie am elften Tag danach. Während dieser Zeit steht der Mond günstig, um den Körper dabei zu unterstützen. Darüber hinaus hat man weniger Hunger als an anderen Tagen im Monat. Man bekommt dadurch die Möglichkeit, seinen Körper besser zu verstehen. Viele Menschen glauben auch, dass das Fasten an diesen Tagen die Zufriedenheit steigert und für eine bessere innere Balance sorgt. Es erinnert uns daran, in welchem Überfluss wir leben und dass wir mehr auf unseren Körper hören sollten. An Fastentagen trinke ich tagsüber Säfte und esse abends eine leichte Mahlzeit ohne Getreide. Meine Kolleg*innen haben sich schon nach kurzer Zeit an meine Gewohnheiten gewöhnt und machen manchmal sogar mit.

Haben wir verlernt, auf unseren Körper zu hören? Je mehr ich mich in die Wissenschaft einlese, desto klarer wird mir, wie wenig wir über die Auswirkungen unserer Handlungen und Gedanken auf unser Inneres Bescheid wissen. Wenn ich faste, stelle ich eine Veränderung meiner Stimmung fest. Es werden Erinnerungen in mir wach und ich agiere emotionaler. Der Zusammenhang zwischen meinem Gemütszustand und dem Fasten ist so enorm, dass ich es als mentale Reinigung bezeichnen würde – quasi wie ein Frühjahrsputz. Doch statt mit Mode, beschäftige ich mich mit meinem Geist. Wer das Fasten ausprobieren möchte, dem rate ich allerdings zu einer Beratung durch Expert*innen.

Darüber hinaus war ein qualitativ hochwertiger Entsafter meine beste Investition seit Jahren. Ebenfalls neu in meiner Küche ist ein Standmixer. Sicherlich kann man auf ein solches Gerät auch verzichten, vorausgesetzt man hat einen liebevollen Partner wie Dick. Schließlich war er allzeit bereit, auf Kommando zu mixen, zu quirlen, zu falten und zu entsaften. Wer braucht da schon eine moderne Maschine? Doris wäre im Leben nicht darauf gekommen zu fasten. Ich versuche mir vorzustellen, wie ich mit ihr über meine Fragen und Zukunftsprognosen über ganzheitliche Gesundheit gesprochen hätte. Sicher hätte sie gesagt: „Setz den Kessel auf, Liebling, und lass uns ein Stück frisch gebackenen Kuchen essen“.

„Setz den Kessel auf, Liebling, und lass uns ein Stück frisch gebackenen Kuchen essen“

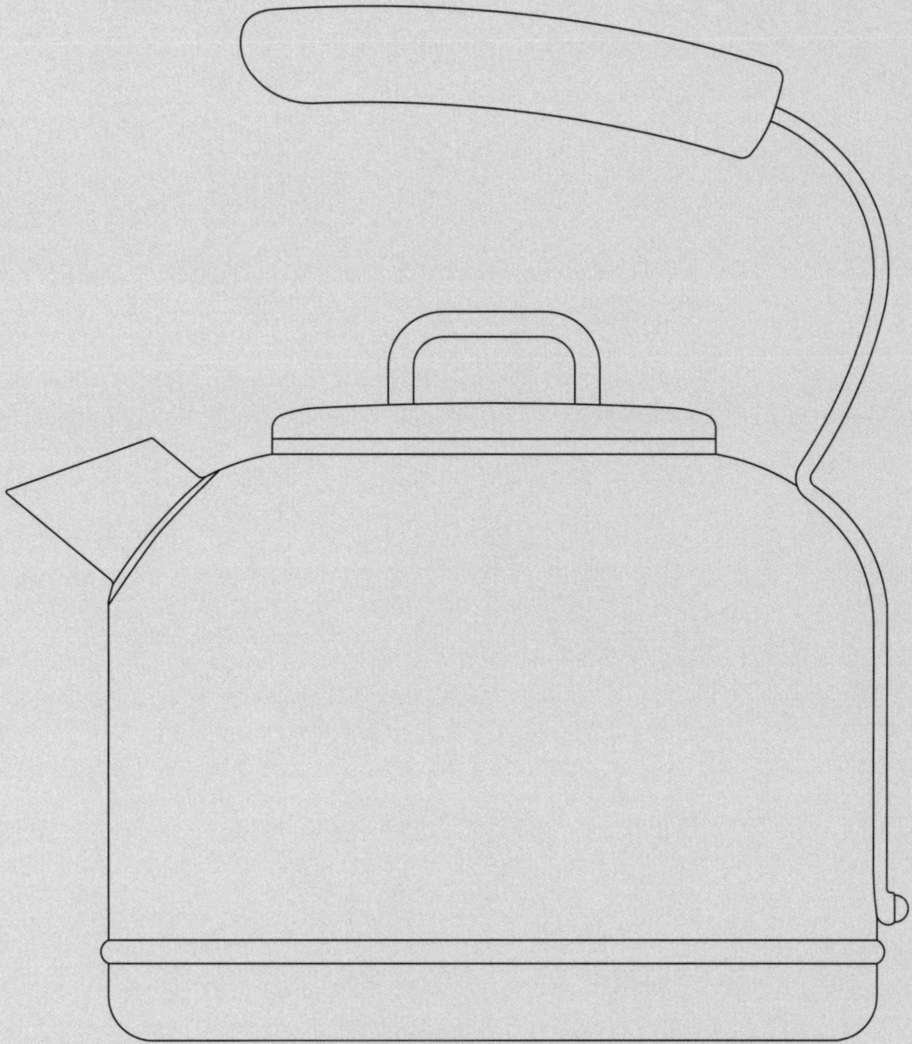

Saftrezepte

Dies sind einige meiner Lieblingssäfte.

APFELSAFT

∴ Für 1 Person

— 4 Äpfel

Die Äpfel für Saft direkt aus dem Garten zu pflücken, ist ein großer Luxus. Ich halbiere die Früchte, um zu erkennen, ob sie noch frisch sind. Manchmal sehen sie von außen wunderbar aus, obwohl im Apfel der Wurm drin ist. Das liegt daran, dass es sich um unbehandeltes Obst handelt. Meistens pflücke ich die Äpfel im Spätsommer, bevor sie reif sind. So behalten sie eine leichte Säure, was sehr erfrischend schmeckt. Als Gwenifer klein war, gab es bei uns oft grüne Säfte mit Spinat und Obst, die ich „Hogwarts Saft" nannte. Das war clever und überzeugte meine Tochter, etwas Grünes zu trinken. Wenn Harry Potter es mag, muss es gut sein.

Die Äpfel in einer leistungsstarken Saftpresse entsaften.

SOMMERLICHER SAFT

∴ Für 2 Personen

— 4 Möhren
— 1 Apfel
— 1 Handvoll krause Petersilie
— 2 Orangen

1 Die Möhren und den Apfel waschen. Die Petersilie grob hacken.
2 Zuerst die Möhren entsaften, dann die Petersilie und zuletzt den Apfel. So verteilt sich die Petersilie gleichmäßig.
3 Orangen auspressen und hinzugeben. Mit einem Löffel mischen.

SAFT MIT FRISCHEKICK

∴ Für 2 Personen

— 4 Möhren
— 1 Apfel
— ½ Ananas
— 2–3 cm großes Stück Ingwer

Ich entsafte den ganzen Apfel, inklusive Stiel und Kerngehäuse. Auch den Ingwer schäle ich nicht. Die Ananas muss aber geschält werden. Zuerst und zuletzt das harte Obst und Gemüse entsaften, zwischendurch den Ingwer.

WASSERMELONE-MINZE-SAFT

∴ Für 1 Person

— ½ große Wassermelone
— 1 Handvoll frische Minze

Die Melone entsafte ich mitsamt der Schale. Man kann sie aber auch entfernen. Meine Saftpresse lässt sich auch für Beerenobst einstellen, was für wässrige Früchte besser ist. Für den Saft zuerst 1 Handvoll Wassermelone, dann die Minzblätter verarbeiten.

Ein erfrischendes Sommergetränk, am besten auf Eis.

SELLERIESAFT

∴ Für 1 Person

— 1 Stangensellerie

Selleriesaft hat gegen meine Magenproblemen und auch Gwenifer half er, wenn sie lange auf Reisen war. Meine Empfehlung ist ein Glas Selleriesaft, am besten vor dem Frühstück und auf leeren Magen. Das versorgt den Körper zu Tagesbeginn mit Vitaminen und Mineralien. Wer mehr über den Selleriesaft-Trend und dessen Anfänge erfahren möchte, dem rate ich zu einem Buch von Anthony Williams, besser bekannt als „Medical Medium". Seine Herangehensweise ist ungewöhnlich, doch der Selleriesaft wirkt Wunder.

1 Den Stangensellerie oben und unten abschneiden.
2 Waschen und entsaften.

GRÜNER SAFT

∴ Für 2 Personen

— 1 Stangensellerie
— ½ Salatgurke
— 1 Kiwi
— 1 Birne

1 Den Stangensellerie oben und unten abschneiden und waschen. Salatgurke, Kiwi und Birne kleiner schneiden.
2 Zuerst den Sellerie, dann das Obst (ich verarbeite die Kiwi samt Schale) und zuletzt die Salatgurke entsaften.

ROSENKOHL-GURKEN-SAFT

∴ Für 1 Person

— 20 Rosenkohlröschen
— 1 Salatgurke
— 1 Handvoll Spinat

1. Die äußeren Blätter vom Rosenkohl entfernen.
2. Alle Zutaten gut waschen, insbesondere den frischen Spinat, um Schmutzreste zu entfernen.
3. Entsaften und die außergewöhnliche Kombination genießen.

GURKENSAFT

∴ Für 1 Person

— 1 große Salatgurke

Diesen Saft gibt es in japanischen Hotels oft zum Frühstück.

1. Die Salatgurke entsaften.
2. Den Saft auf Eis servieren.

KÜSS-MICH-SAFT

∴ Für 2 Personen

— 6 Möhren
— 3 kleine Rote Bete
— 3 cm Ingwer
— 3 cm Kurkuma
— 2 Äpfel

1. Da ich den erdigen Geschmack mag, schäle ich die Rote Bete nicht. Zuerst entsafte ich die Möhren, dann die Rote Bete und schließlich den Ingwer zusammen mit dem Kurkuma.
2. Zum Schluss kommen die Äpfel dazu, samt Schale und Kerngehäuse. Das Tolle: Der Saft wirkt dank seiner Farbe wie ein dunkelroter Lippenstift. Abgesehen davon schmeckt er köstlich.

Berufliche und private Beziehungen

Einflussreiche Freundschaften Rezepte von Susanna Nadler

Gaynor, die auf ihrer griechischen Erard-Harfe spielt, während ich begeistert zuschaue. White House, Mittelwales, ca. 1977.

Seit 20 Jahren arbeite ich als Designerin für Closed und ich bin nicht die Einzige, die schon so lange dabei ist.

Die Atmosphäre bei Closed ist außergewöhnlich. Das Unternehmen wird von drei Freunden geleitet, die wiederum von einem Team aus Bekannten unterstützt werden. Wir lachen viel, helfen uns gegenseitig und tauschen kreative Ideen über Mode, Trends und Verbesserungsvorschläge aus. Wir sprechen auch über Traditionen, mit denen wir aufgewachsen sind und was wir daraus gelernt haben. Wir sind wie eine Familie, die sich offen und ehrlich über das Leben, Hochzeit, Kinder, Herzschmerz und Krankheit unterhält.

Meiner Ansicht nach sind berufliche und private Beziehungen Indikatoren für die Lebensqualität eines Menschen. Ein strahlendes Lachen kann eine stressige Situation komplett anders aussehen lassen. Unsere Zufriedenheit und positive Lebenseinstellung haben einen großen Einfluss auf diejenigen um uns herum. Wir suchen uns meist Freunde, die ähnliches erlebt haben oder die gleichen Werte teilen. Solche Menschen ziehen uns magisch an und sie können die Gemeinschaft und uns beeinflussen. Positiv zu denken und glücklich zu sein kann sich auf andere übertragen.

Doris hatte viele enge Freundinnen. Eine von ihnen war Nansi Richards, eine berühmte walisische Harfenistin. Ihre musikalische Begabung führte sie um die ganze Welt. Nansi Richards wäre heute so etwas wie ein Popstar, inspiriert vom Talent ihres Vaters und der Zigeuner-Gemeinschaft in der Nähe ihrer elterlichen Farm. Nansi gewann zahlreiche Wettbewerbe in Wales, was ihr den Weg für ein Studium an der Guildhall School of Music & Drama in London ebnete. Außerdem spielte sie für die königliche Familie. Sie war nicht nur royale Harfenistin, sondern erhielt auch den Titel „Königin der Harfe". Nansi stand für die walisische Kultur wie keine andere. Im Jahr 1923 ging sie auf Tour durch Amerika und spielte für den Industriellen Will Keith Kellogg. Sie erzählte Doris, wie sehr sie lachen musste, als sie erfuhr, dass er mit Cornflakes berühmt geworden ist. Nansi sagte zu ihm: „Herr Kellogg, ihr Name klingt wie das walisische Wort für einen Hahn: Ceiliog. Und wissen Sie was, Herr Kellogg, nichts kriegt mich morgens eher aus dem Bett". Seither war sie der festen Überzeugung, dass sie für den Hahn auf der Kelloggs Verpackung verantwortlich ist.

„Herr Kellogg, ihr Name klingt wie das walisische Wort für einen Hahn: Ceiliog. […] nichts kriegt mich morgens eher aus dem Bett"

Nansi war ein echter Wandervogel. Oft kam sie ohne Voranmeldung vorbei, warf ihren Hut durch die Hintertür und rief: „Bin ich willkommen?", obwohl sie wusste, wie sehr sich Doris über ihren Besuch freute. Sie kam zum Tee und blieb manchmal für zwei Wochen, frei von Sorgen und ohne jegliches Gepäck. Ihre Kleidung wusch sie jeden Abend mit der Hand und wenn sie ein Konzert hatte, ließ sie sich von Dick und Doris dorthin chauffieren. Wie viele Musikerinnen war sie ein Freigeist und inspirierte damit meine Tante Gaynor. Doris' jüngere Tochter, die am Royal College of Music in London studierte, hat Nansi ihr musikalisches Können zu verdanken. Gemeinsam mit ihrem Mann, Anthony Sadler, prägte sie anschließend die britische Fernsehmusik der letzten drei Jahrzehnte.

Damals war ich zu jung, um mich heute richtig an Nansi erinnern zu können. Doris hat mir dafür viele

Geschichten über sie erzählt, zum Beispiel, dass Nansi immer sagt: „Kleine kommen ganz groß raus". An das Sprichwort erinnerte ich mich, während ich die Lehre des Buddhismus studierte. Um das Nirvana zu erreichen, muss man Abstand von seinen Begierden und Wünschen nehmen. Wahre Größe zeigt, wer sich selbst zurücknimmt. Diejenigen, die Meditationserfahrung haben, sprechen von einer Leere als das Tor zur Weisheit. Was wäre, wenn Musiker dies erreicht hätten und mit ihren Klängen unsere Ohren und Seelen berühren?

Der Austausch mit Freunden, ihre Unterstützung und ihr Einfluss sind etwas ganz besonderes. Nansi legte den Grundstein für die Zukunft meiner Tante. Etwas ähnliches gilt für unser Design Department. Wir inspirieren und unterstützen uns gegenseitig auf dem Weg zu einem gesünderen Lebensstil, sei es durch alternatives Backen oder 20 Minuten Yoga in der Mittagspause. Wer sich gesünder ernähren möchte, dem empfehle ich, sich Freunde mit ins Boot zu holen. Viele unserer Bekannten aus der Branche sind erstaunt, wenn sie von der Arbeitsatmosphäre bei Closed hören. Obwohl sich die Modeindustrie zu verändern scheint, ist dies eine echte Ausnahme. Bei Closed sind wir der Überzeugung, dass ein ehrliches Produkt für eine gesunde Umgebung steht. Kund*innen schenken uns ihr Vertrauen, weil sie wissen, dass sich unser Ethos im Design widerspiegelt. Nicht nur im Team, sondern auch mit unseren Lieferanten führen wir eine enge Beziehung. Wir tauschen sowohl Ideen als auch Rezepte miteinander aus. Alberto, der Besitzer einer Wäscherei in Italien, und ich kochen sogar oft gemeinsam online. Er hat Stunden damit verbracht mir das Geheimnis des besten Radicchio-Risottos zu erklären, das ich zu einer veganen Version aktualisiert habe.

Meine engsten Freunde kenne ich seit meiner Unizeit 1992 in Newcastle upon Tyne im Nordosten Englands. Wir haben uns auf Anhieb gut verstanden. Anu Pillai, Miori Azuma, Zoe Gilbertson und ich halten heute trotz unserer Kinder und unterschiedlichen Karrieren so viel Kontakt wie möglich.

Für die Party zu meinem 40. Geburtstag schrieb ich auf die Einladungskarte: „Ich bin 18 und 22 Jahre erfahrener. Bitte kleide dich für meine Feier wie damals mit 18 Jahren". Meine Freunde und ich suchten gemeinsam nach Outfits von 1992. Währenddessen beschwerte sich Anu, dass ihm nur sein Hut von damals passte, und selbst der war etwas zu klein. Auf der Tanzfläche erweckten wir unsere Zeit am College in Newcastle an meinem Geburtstag wieder zum Leben. In den frühen 1990er-Jahren erinnerte Zoes Look an die Spice Girls. Mio war dagegen klassisch und ich eher lässig unterwegs. Und Anu? Er war DJ und wollte mit seinem ungewöhnlichen Stil von seinem intellektuellen Charakter ablenken. Wir gingen jeden Freitag- und Samstagabend zusammen aus. Wenn der Türsteher unseres Lieblingsclubs uns sah, winkte er uns in der

Positiv zu denken und glücklich zu sein kann sich auf andere übertragen.

Nansi Richards, die auf Gaynors Harfe spielt.
White House, Mittelwales, ca. 1970.

Gaynor mit ihrer Harfe im Vorgarten. White House,
Mittelwales, ca. 1968.

Die Party zu meinem 40. Geburtstag. Hamburg, 2014.

Schlange nach vorn und sagte: „Schaut, hier kommt die Benetton-Werbung". Damals war das mit Abstand das beste Kompliment für uns. Wir haben die Zeit sehr genossen, zumal Anu seine Kontakte als DJ zu unserem VIP-Vorteil nutzte.

Nach dem ersten Jahr am College zogen wir in den Süden. Zoe und ich gingen nach London, Mio nach Canterbury und Anu an die Universität in Cambridge. Er war äußerst klug und bekam den Studienplatz bereits vor seinem Abschluss angeboten. Weil er sich zwischen der Eliteuniversität und Kunsthochschule nicht entscheiden konnte, entschloss er sich für einen einjährigen Kunstkurs. Nach zwei Semestern (und viel Zeit mit uns) war klar, er geht nach Cambridge. Kurz nach seinem Studienbeginn in Cambridge lud Anu uns zum Maiball am King's College ein. Die Veranstaltung ist dort ein Highlight und Anu war an den Vorbereitungen beteiligt. Mit uns Dreien und ein paar bekannten DJs sorgte er für die entsprechende Unterhaltung. Das Event war einmalig und bis heute bin ich rund um den Globus mit vielen Leuten befreundet, die ich damals dort kennengelernt habe. Während Anu vor sich hin philosophierte, schauten wir drei etwas ausdruckslos und sagten: „Können wir den Mix nochmal hören? Der ist so toll". Heutzutage arbeitet Anu erfolgreich als Songwriter und Produzent. Zoe ist Modeprofessorin und Mio (die mit Abstand coolste Mutter im Skatepark) führt ihr eigenes Unternehmen. Meine Zukunft wurde von meinen Freunden geprägt, die mich nach wie vor unterstützen.

Das Geben und Nehmen wird bei uns im Büro groß geschrieben. Wir lassen einander Teil haben an unserem Leben und unserer Arbeit. Wir schenken uns manchmal Zeit, emotionale Unterstützung und Kuchen. Bei unseren Designs ist es unser Ziel, das bestmögliche Produkt anbieten zu können. Wir fragen uns deshalb: Welche Ressourcen können wir nutzen? Welche Prozesse müssen wir bedenken? Wie können wir das Ganze umweltfreundlicher gestalten? Bei Closed haben wir die Art des Gebens verinnerlicht.

Neue Backzutaten zu entdecken war aufregend und hat Spaß gemacht. Darüber hinaus war es der Beginn meiner Freundschaft mit meiner Kollegin Susanna Nadler. Ihre italienischen Wurzeln und das gemeinsame Interesse für gesundes Backen haben mich für dieses Buch sehr inspiriert. Wir tauschten jeden Abend Rezepte aus und bestaunten unsere Kreationen am nächsten Tag im Büro. Mittlerweile führen wir von der Arbeit aus sogar eine WhatsApp-Gruppe mit dem Namen „Kuchen-Groupies". Wir schicken uns Fotos, Rezepte und Ideen für zukünftige Events wie Fotoshootings oder wichtige Meetings, um dann etwas zu backen. Ein pensionierter Kollege sagte dazu einmal: „Solltest du je Probleme mit jemandem im Büro haben, back einfach einen Kuchen und die schlechte Stimmung ist sofort passé". Vielleicht liegt es also am Kuchen, dass wir uns alle so gut verstehen.

In diesem Kapitel dreht sich alles um Beziehungen. Außerdem widme ich es Susanna und ihren Kochkünsten. Ihre Rezepte sind großartig und zeugen von italienischem Flair, das ich mit diesem Buch einfangen wollte. Mein Dank geht an Susanna und dafür, dass sie mit ihren Rezepten ein Teil dieses Projektes ist. Ich hoffe damit jedem eine Freude zu bereiten.

Wenn der Türsteher unseres Lieblingsclubs uns sah, winkte er uns in der Schlange nach vorn und sagte: „Schaut, hier kommt die Benetton-Werbung".

ICH TRÄUME VON...
Rezepte von Susanne Nadler

Ich bin in Canù in der Provinz Como geboren und in Mailand aufgewachsen. Mein Vater stammt aus der Toskana, wo sich das Leben in der Küche abspielt. Frisches und selbstgemachtes Olivenöl wird dort nicht nur zum Kochen verwendet, sondern auch beim Backen. Meine Mutter ist eine geborene Berlinerin, die als junge Frau nach Italien kam und dort geblieben ist. Sie kennt sich mit der italienischen Küche bestens aus, obwohl sie an deutschen Backrezepten festhielt. Meine Art ist zu kochen ist demnach eine Mischung aus italienischen und deutschen Einflüssen, die meine Herkunft widerspiegeln und die Tatsache, dass ich seit 17 Jahren in Deutschland wohne. Auf Reisen lasse ich mich kulinarisch inspirieren, was bedeutet, dass sich der Geschmack meiner Gerichte mit der Zeit ändert. Warmes Brot mit Olivenöl, Nusskekse und Apfelkuchen mit Zimt – Ich träume von der italienischen Sonne, frischen Zutaten, dem Mittelmeer und dem sanften Grün der Olivenbäume. Äpfel, Zimt und Weihnachtskuchen liebe ich.

Dies sind einige Grundzutaten, die man für die Rezepte benötigt:

— Dinkelmehl
— Haferflocken
— Mandelmehl
— natives Olivenöl extra
— Nussöl (Haselnuss, Mandel und Walnuss)
— Kokosöl
— Kokosjoghurt (selbstgemacht oder gekauft)
— Kokosmilch (aus der Dose)
— Ahornsirup
— Mandeln, Haselnüsse und Pekannüsse
— Leinsamen, Kürbis- und Sonnenblumenkerne
— Bananen
— Mandeldrink (selbstgemacht oder gekauft)
— Ceylon-Zimt
— Kichererbsen aus der Dose
— Bio-Zitronen
— Weinstein-Backpulver oder Backpulver/Natron
— Trockenhefe

Der perfekte Start in den Tag

Eine Tasse Tee oder Kaffee, dazu ein knuspriges Müsli oder Porridge mit Zimt im Winter, frisches Obst und eine Scheibe Bananenbrot mit Himbeerkompott, Kokosjoghurt mit Nüssen, Toast mit Avocado, Hummus oder Oliven – Frühstück ist immer einer guter Grund, um morgens aufzustehen.

Unter der Woche muss es allerdings schnell gehen. In meiner Familie nehmen wir unser Essen meistens mit zur Arbeit. Statt zu Hause zu frühstücken, gibt es dann ein Glas Granola für unterwegs. Meine Kinder schnappen sich für die Schule einen Müsliriegel und eine Scheibe Oliven- oder Bananenbrot.

Für den Energiekick am Morgen trinke ich als erstes eine Tasse Tee oder heiße Zitrone. Danach fühle ich mich bereit für einen Kaffee. Außerdem beginne ich den Tag mit 45 Minuten Sport, entweder gehe ich kurz joggen oder mache eine Runde Yoga. Das bringt meinen Körper erst recht in Schwung.

Meine Freundin Susanna in ihrem Garten. Hamburg, 2021.

Muesli croccante

KNUSPERMÜSLI

Schon als Kind konnte ich beim Frühstück auf Müsli nicht verzichten. Ich erinnere mich daran, wie mein Vater eine große Schüssel davon zubereitete. Dies war ganz untypisch für seine toskanischen Wurzeln. Außerdem gab er immer übermäßig viele geschnittenen Äpfel, Nüsse, Rosinen, Joghurt und Honig hinzu. Damals bevorzugte ich Schokoladenmüsli. Heute greife ich auf das Original meines Vaters zurück. Ich liebe frisch gebackenes Granola mit Früchten, aber Kompott schmeckt noch besser.

Mein Granola-Grundrezept

— 250 g Haferflocken, eine Mischung aus groben und feinen
— 150 g Samen (Leinsamen, Sonnenblumen und Kürbiskerne)
— 120 ml Ahornsirup
— 3 TL Pflanzenöl (alternativ Haselnuss- oder Mandelöl)

GRANOLA MIT TAHIN, CRANBERRIES UND PEKANNÜSSEN

Zusätzlich zum Grundrezept:
- 2 große Handvoll Pekannüsse
- 1 Handvoll Mandeln
- 4 TL Tahin (Sesampaste)
- 1 Handvoll zerkleinerte oder fein gehackte getrocknete Cranberries
- 1 TL gemahlene Vanille oder Ceylon-Zimtpulver

1 Den Backofen auf 180 °C vorheizen.
2 Zuerst Nüsse und Mandeln mit einem scharfen Messer zerkleinern, dann mit den anderen trockenen Zutaten vermischen.
3 Die flüssigen Zutaten hinzugeben und mit einem Holzlöffel alles zu einer gleichmäßigen Masse verarbeiten. So kann sich das volle Aroma entfalten.
4 Jetzt die Granola-Mischung gleichmäßig auf einem Blech mit Backpapier verteilen.
5 Im vorgeheizten Backofen auf der mittleren Einschubleiste circa 10 Minuten goldbraun backen. Zwischendurch immer mal wieder nachschauen, dass es nicht zu dunkel wird, denn die Samen können sehr schnell verbrennen.
6 Aus dem Backofen nehmen und auf Zimmertemperatur abkühlen lassen – so wird es richtig schön knusprig. Dann in einen luftdichten Behälter füllen. Das Granola schmeckt super als Snack, Topping zu Früchten und Joghurt oder als Zusatz zu einer Smoothie-Bowl.

GRANOLA MIT HASELNÜSSEN, DATTELN UND GETROCKNETEN BEEREN

Zusätzlich zum Grundrezept:
- 2 Handvoll Haselnüsse
- 4 TL Haselnussöl
- 4 TL Haselnuss- oder Mandelmus
- 10 klein geschnittene Datteln
- 1 Handvoll getrocknete Beeren (Berberitzen sind leicht säuerlich, Heidelbeeren oder Cranberries schmecken auch gut)
- 1 TL gemahlene Vanille oder Ceylon-Zimtpulver
- 5 EL Ahornsirup

Für meine Lieblingskombination mische ich jede Art von Nüssen, die ich gerade zu Hause habe. Mein Favorit sind Haselnüsse, besonders die aus dem Piemont, weil sie größer und aromatischer sind. Ich kaufe sie geschält und geröstet, wobei man sie im Ofen noch einmal nachrösten kann.

Seitdem ich in Deutschland lebe, frühstücke ich am liebsten Müsli. Sogar meine Kinder lieben hausgemachtes Granola und backen es oft selber.

KÖSTLICHE MÜSLIRIEGEL

Zusätzlich zum Grundrezept:
- fruchtige Beeren oder Datteln nach Wahl
- 5 EL Ahornsirup
- 2 EL Haselnussöl

1 Dem Grundrezept folgen und den Backofen auf 180 °C vorheizen.
2 Die Hälfte aller Zutaten außer dem Ahornsirup im Mixer einer pastenartigen Masse verarbeiten und wahlweise fruchtige Beeren oder Datteln hinzufügen.
3 Mit den restlichen Zutaten gut mischen und verkneten. Ahornsirup und Haselnussöl dazugeben. Eine rechteckige Form mit Backpapier belegen und die Granola-Mischung darauf verteilen.
4 Circa 10 Minuten backen und danach mit einem scharfen Messer in Riegel schneiden. Das geht am besten, solange sie noch warm und weich sind.
5 Danach jeden einzelnen Riegel in Backpapier oder Pergamentpapier wickeln und mit einem Band zusammenbinden.
6 Ein Tipp von meinem Sohn: Besonders lecker schmecken die Müsliriegel, wenn man sie zusätzlich in Schokolade taucht.

Pancakes di banana

BANANENPFANNKUCHEN

∴ Für 8–10 Personen

- 2 kleine reife Bananen
- 150 ml Pflanzendrink (Hafer, Mandel oder Kokos, ohne Zuckerzusatz)
- 180 g Dinkelmehl
- ½ TL gemahlene Vanille oder abgeriebene Bio-Zitronenschale
- 1 Prise Salz
- Pflanzenöl zum Backen

Pfannkuchen sind ideal für den Sonntagsbrunch oder als Snack nach der Schule. Das Rezept habe ich vor Jahren von einer Babysitterin bekommen. Damals hat sie sich ganz wundervoll um meine Kinder gekümmert. Sie war Veganerin und aß die Pfannkuchen oft mit Avocado oder anderen Toppings. Mittlerweile sind sie ein Favorit in unserer Familie. Die Crêpes meiner Mutter mochte ich als Kind nicht. Grund dafür waren die Eier im Teig. Diese Pfannkuchen sind eine fantastische Alternative und besonders lecker mit süßen Früchten.

1 Die Bananen schälen und mit einer Gabel zu einem Brei zerdrücken. Zuerst die Hälfte des Pflanzendrinks hinzugeben und vermischen. Dann die Hälfte des Mehls unterrühren. Vanille oder abgeriebene Zitronenschale und Salz dazugeben. Wer es süß mag, verwendet beides. Für salzige Pfannkuchen die Vanille weglassen und nur die abgeriebene Zitronenschale verwenden. Zuletzt den restlichen Pflanzendrink und das restliche Mehl hinzufügen und gut mischen, um Klumpen zu vermeiden. Der Teig sollte cremig sein.

2 Etwas Pflanzenöl in einer antihaftbeschichteten Pfanne erhitzen. Den Teig wie bei herkömmlichen Crêpes mit einer Kelle mittig in die Pfanne gießen. Bei mittlerer Hitze auf beiden Seiten goldbraun braten, dabei zwischendurch wenden. Aufpassen, dass der Pfannkuchen nicht anbrennt und regelmäßig etwas Öl hinzugeben.

Serviervorschlag:
Die fertigen Pfannkuchen auf einem großen Teller anrichten und beliebig garnieren mit:

- Beeren und veganem Joghurt
- Haselnussmus und Bratäpfeln
- Olivenaufstrich
- Avocado, der Lieblingskombination meines Sohnes

Focaccine veloci in padella dolci o salate

SÜSSES ODER HERZHAFTES FLADENBROT

∴ Für 8–10 Personen

- 300 g Dinkelmehl, evtl. etwas mehr
- 1 TL Backpulver
- 1 Prise Salz
- 150 g Kokosjoghurt
- 1 EL natives Olivenöl extra plus etwas zum Backen

Diese Art von Fladenbrot ist eine einfache Alternative zu Focaccia, dauert in der Zubereitung jedoch etwas länger. Die ligurische Spezialität ist außergewöhnlich und ich esse sie seit meiner Kindheit gerne. Damals verbrachten wir viele Tage dort in einem wunderschönen, verträumten Ort am Meer. Er wurde zu unserem zweiten Zuhause.

Das ligurische Focaccia ist unmöglich nachzumachen, doch meine Variante ist eine gute Alternative und weckt Erinnerungen in mir. In der Pfanne sind die Focaccine sehr einfach zubereitet. Das Brot ist Hingucker und besonderer Snack in einem, ob für Gäste oder Kinder, die ihr Brot einfach selber belegen.

1. Mehl, Backpulver und Salz (Zucker für die süße Variante) in einer Schüssel mischen. In der Mitte eine Kuhle formen und den Joghurt hineingeben. Das Öl am Rand des Mehls verteilen.
2. Mit einer Gabel langsam vermischen. Dabei von der Mitte nach außen arbeiten. Den festen Teig mit den Händen kneten, bis eine weiche Masse entsteht. Ist der Teig zu klebrig, wird mehr Mehl benötigt. Ist er zu trocken, 1 TL Joghurt hinzugeben. Anschließend 20–30 Minuten ruhen lassen.
3. Den Teig für das Fladenbrot in gleichgroße Kugeln teilen, dann in Kreisform 4–6 cm breit und möglichst dünn ausrollen.
4. Etwas Öl in einer antihaftbeschichteten Pfanne erhitzen. Darin die Fladenbrote nacheinander kurz auf beiden Seiten goldbraun backen. Aufpassen, dass sie nicht verbrennen.

Variation:
Für ein süßes Fladenbrot kann man das Olivenöl durch Mandel- oder Haselnussöl ersetzen und 1 TL Kokosblütenzucker hinzufügen.

Serviervorschlag:
Diese Art von Fladenbrot lässt sich vielseitig variieren. Es schmeckt wahlweise mit Olivenöl und Kräutern, Hummus, Guacamole oder selbstgemachtem Pesto. Außerdem eignet es sich als Dessert, zum Beispiel mit Haselnussmus, Nüssen und frischen Früchten, Marmelade, Honig oder eingekochtem Obst.

RÖSLE
24

Pane alle olive

OLIVENBROT

Dieses Rezept weckt Erinnerungen an meine Kindheit: Der Geruch von frisch gebackenem Brot und Oliven lässt mich gedanklich ans Mittelmeer reisen. Am liebsten mag ich Taggiasca-Oliven, eine typische Sorte aus Ligurien. Sie sind klein und ihr Farbton ist eine Mischung aus Braun, Grün und einem dunklem Braun-Rot.

Man bekommt diese Art von Oliven nahezu überall. Für mein Rezept habe ich eine Paste verwendet, wobei aber auch andere Sorten schmecken.

Für dieses Rezept muss der Teig 12 Stunden gehen.

□ Für eine Brotbackform (25 cm)
∴ Für 1 Brot

Für das Olivenbrot:
— 300 g Dinkelmehl
— 100 g Weizenmehl, evtl. etwas mehr plus etwas für die Schüssel
— 2 EL Sauerteigansatz, am besten selbst gemacht (Seite 144)
— Salz
— natives Olivenöl zum Einfetten und Einpinseln
— schwarze Olivenpaste aus Taggiasca-Oliven

Für die Olivenpaste:
— 160 g Taggiasca-Oliven ohne Stein
— 50 ml Olivenöl
— 1 EL Rotweinessig

1 Beide Mehlsorten in eine Schüssel geben und eine Kuhle formen. In einem Glas Sauerteig mit 50 ml Wasser mischen, bis eine Paste entsteht. Diese in die Kuhle geben und mit Mehl bedecken. Mit einem sauberen Geschirrtuch abdecken und 5 Minuten ruhen lassen.
2 Dann 2 Prisen Salz hinzugeben und einen weichen Teig formen. Dazu von der Mitte nach Außen arbeiten. Nach und nach 300 ml lauwarmes Wasser hinzugeben (nach Bedarf; es kann auch etwas übrig bleiben). Dabei weiter kneten und auf die Konsistenz achten. Das Ergebnis ist weich und warm, nicht klebig. Falls doch, mehr Mehl hinzugeben.
3 Nach etwa 10 Minuten sollte der Teig Form angenommen haben und fertig sein. In einer bemehlten Schüssel oder Brotbackform legen, mit einem sauberen Tuch abdecken und 11 Stunden ruhen lassen.
4 Zwischendurch den Teig zweimal herausnehmen, Arbeitsfläche bemehlen und den Teig durchkneten. Danach weiter gehen lassen.
5 In der Zwischenzeit für die Olivenpaste Taggiasca-Oliven, Olivenöl und Rotweinessig im Mixer auf hoher Stufe 2–3 Minuten zu einer glatten Paste mixen. Nach der Gehzeit den Teig lang und flach ausrollen, mit der Olivenpaste bestreichen und zusammenfalten. Eine Brotbackform mit etwas Olivenöl einfetten und den Teig hineinlegen.
6 An einem warmen Ort noch etwa 1 Stunde ruhen lassen. Währenddessen den Backofen auf 150 °C Umluft vorheizen.
7 Das Brot auf der mittleren Einschublesite im vorgeheizten Ofen 20 Minuten backen. Die Temperatur auf 200 °C erhöhen und weitere 40–45 Minuten goldbraun backen. Abschließend mit Olivenöl einpinseln und Salz darüber streuen.

Das Brot schmeckt fantastisch mit frischen San-Marzano-Tomaten – perfekt zum Brunch am Sonntag!

Torta di banana e yogurt

BANANEN-JOGHURT-KUCHEN

Mein liebster Frühstückskuchen ist leicht, fruchtig und frisch.

Für eine glutenfreie Version kann man das Dinkelmehl gegen eine Mischung aus Hafer- und Buchweizenmehl austauschen. Statt gemahlener eigenen sich auch ganze Haselnüsse. Diese einfach in einem Mixer 1 Minute auf hoher Stufe zerkleinern, bis die Nüsse grob gehackt sind. Sie geben dem Kuchen die richtige Konsistenz.

1 Den Backofen auf 180 °C Umluft vorheizen.
2 Zuerst die Bananen schälen und zu einem Mus zerdrücken. Dann zusammen mit den anderen Zutaten mit einem Metallschneebesen (dieser ist stärker als solche aus Kunststoff) oder Handmixer zu einem lockeren Teig verarbeiten. Das Ergebnis sollte cremig und locker-leicht sein. Ansonsten 1 TL Mehl hinzugeben.
3 Den Teig in eine runde oder quadratische mit Backpapier belegte Backform gießen. Mit Pekannüssen dekorieren.
4 Auf der mittleren Einschubleiste im vorgeheizten Ofen 35–40 Minuten goldbraun backen, bis der Kuchen aufgeht. In die dickste Stelle des Kuchens ein Holzstäbchen stechen. Wenn beim Herausziehen am Holz keine Teigreste kleben, ist er fertig.

Kompott:

1 Äpfel schälen, Kerngehäuse entfernen und Äpfel und in einen Topf mit dem Zitronensaft und dem Ahornsirup in einem Topf kurz aufkochen. Danach die Hitze reduzieren.
2 Weitere 5 Minuten köcheln lassen, dann Schluss die Beeren hinzufügen.
3 Den Kompott bei geschlossenem Deckel ziehen lassen und zum Bananenkuchen servieren – einfach und lecker!

▢ Für eine Obstkuchen-Backform
∴ Für 10–12 Personen

Für den Kuchen:

— 4 mittelgroße Bananen, am besten sehr reif
— 200 g Dinkelmehl, evtl. etwas mehr
— 100 g Mandelmehl
— 100 g gemahlene Haselnüsse
— 2 EL Pflanzenjoghurt
— 1 TL Zimtpulver
— abgeriebene Schale von 1 Bio-Zitrone
— 1 TL Backpulver
— 1 TL Natron
— 2 EL Ahornsirup
— 20–25 Pekannüsse zur Dekoration

Für das Kompott:

— 6–7 Äpfel
— Saft von 1 oder 2 Zitronen
— 1 TL Ahornsirup
— 1 Handvoll gefrorene Beeren

Crostata di mele

APFELKUCHEN MIT NÜSSEN

Dieser Apfelkuchen ist ein Klassiker in meiner Familie. Wenn wir im Urlaub in Südtirol waren, aß mein Vater immer Apfelstrudel. Außerdem war er ein großer Fan von Bratäpfeln mit Zimt, Rosinen und Pinienkernen. Als Erinnerung an diese Zeit habe ich diesen Kuchen mit reichlich frischen Äpfeln, etwas Zimt, Ahornsirup, Zitrone, Cranberries und Pinienkernen kreiert. Für den veganen Mürbeteig haben wir einen Teil des Mehl durch gemahlene Mandeln ersetzt. Zusätzlichen Geschmack gibt ein Hauch geriebene Zitronenschale.

1 Die Äpfel sschälen, Kerngehäuse entfernen, Äpfel in große Stücke schneiden und mit Ahornsirup, Zimt und Zitronensaft in einen Topf geben. Bei schwacher Hitze ein paar Minuten kochen, bis die Äpfel weich sind. Den Topf vom Herd nehmen und bei Bedarf Himbeeren oder Heidelbeeren zugeben. Eine Handvoll genügt, um für einen farblichen Akzent und besonderen Geschmack zu sorgen. Dann gebe ich noch die Cranberries und Pinienkerne hinzu, die mich an meine Kindheit erinnern.
2 Den Backofen auf 180 °C Umluft vorheizen.
3 Buchweizenmehl, Mandelmehl und gemahlene Mandeln in eine Schüssel geben und in der Mitte eine Kuhle formen. Ahornsirup und Kokosmilch hineingeben. Dann das Öl an den Seiten verteilen und schließlich die abgeriebene Zitronenschale, Vanillezucker und Salz darüber streuen.
4 Mit einer Gabel langsam vermischen. Dabei von der Mitte nach Außen arbeiten. Den Teig mit den Händen verkneten. Ist der Teig zu klebrig, wird mehr Mehl benötigt. Ist er zu trocken, einfach Öl hinzugeben.
5 Für dieses Rezept verwende ich eine runde Kuchenform, die ich mit Backpapier belege. Den Teig ausrollen, in die Form legen und die Seiten mit den Fingern nacharbeiten. Mit Hilfe eines Messers lässt sich der Kuchen nach dem Backen einfach aus der Form lösen.
6 Die Apfelmasse auf dem Kuchenboden nach Wunsch verteilen. Ist viel Obst vorhanden, sollte der Rand etwas höher sein.
7 Auf der mittleren Einschubleiste im vorgeheizten Backofen 30 Minuten goldbraun backen.

Tipp:
Vor dem Backen auf die Oberseite Mandelblättchen, Pinienkerne, Walnüsse oder Streusel streuen. Oder aus Teigresten Streifen schneiden und in Gitterform auf dem Kuchen anordnen.

▢ Für eine kleine Springform (24 cm Durchmesser)
∴ Für 8–10 Personen

Für den Boden:
— 100 g Buchweizenmehl
— 100 g Mandelmehl
— 100 g gemahlene Mandeln
— 4 TL Ahornsirup
— 2 EL Kokosmilch (aus der Dose)
— 3 TL Nussöl
— abgeriebene Schale von 1 Bio-Zitrone
— 1 TL Vanillezucker
— 1 Prise Salz

Für den Belag:
— 6–7 Äpfel
— 4 TL Ahornsirup
— 1 TL Ceylon-Zimtpulver
— Saft von 1 Bio-Zitrone
— 1 Handvoll Himbeeren oder Heidelbeeren (optional)
— 1 Handvoll getrocknete Cranberries
— 1 Handvoll Pinienkerne zur Dekoration

Cantuccini di noci miste

∴ Für 10–12 Personen

- 100 g gemahlene Mandeln oder Haselnüsse
- 30 g Kokosblütenzucker
- 1 TL gemahlene Vanille
- abgeriebene Schale von 1 Bio-Orange oder -Zitrone
- 2 TL Backpulver
- 1 Prise Salz
- 150 g Dinkelmehl, evtl. etwas mehr
- 150 g Mandelmehl
- 3 EL Ahornsirup
- 5 EL Kokosmilch (aus der Dose)
- 1 EL Mandelöl, evtl. etwas mehr
- 2 TL Kichererbsenwasser (Aquafaba)
- 2 Handvoll Nüsse nach Wahl (am besten gehackt, damit sich die Kekse leichter ausstechen lassen)

Die Wurzeln meines Vaters haben mich schon als Kind beeinflusst. Er stammt aus Siena in der Toskana, weshalb wir dort als Familie oft hingereist sind. Cantuccini lieben wir alle. Traditionell taucht man sie in Vin Santo, ein italienischer Dessertwein.

Meine Cantuccini sind nicht zu süß. Wer mag, kann aber mehr Kokosblütenzucker oder Ahornsirup hinzugeben. Beim Backen sollte man immer Mehl zur Hand haben für den Fall, dass der Teig zu flüssig ist. Die Konsistenz sollte weich wie Knete und nur leicht feucht sein.

Für das klassische Teigrezept benötigt man Eier. Stattdessen verwende ich eine cremige Kokosmilch, kombiniert mit Kichererbsenwasser (Aquafaba). Vegane Cantuccini sind ein bisschen knuspriger, wenn man sie schneidet und isst. Für eine glutenfreie Version eignet sich Hafer- anstelle von Dinkelmehl.

Die Kekse sind der perfekte Snack fürs Büro. Wenn sie nicht immer nur schon mit einem Happs verschwunden wären!

1. Den Backofen auf 180 °C Umluft vorheizen.
2. Gemahlene Mandeln oder Haselnüsse, Kokosblütenzucker, gemahlene Vanille, abgeriebene Orangen- oder Zitronenschale, Backpulver und Salz in eine Schüssel geben, das Mehl darübergeben.
3. Mittig eine Kuhle formen und Ahornsirup, Kokosmilch, Mandelöl und Aquafaba hineingeben. Mit einer Gabel langsam vermischen, dabei von der Mitte nach außen arbeiten. Ist der Teig zu klebrig, wird mehr Dinkelmehl benötigt. Ist er zu trocken, einfach Öl hinzugeben. Wenn der Teig fertig ist, die Nüsse untermischen.
4. Mit den Händen kneten, bis eine homogene Masse entsteht und die Nüsse gut verteilt sind. Der Teil sollte etwas klebrig sein. Ein Backblech mit Backpapier belegen.
5. Den Teig in zwei gleich große Stücke teilen und aus jedem Stück eine 4 cm breite Rolle formen. Cantuccini-Formen lassen sich auch flacher und breiter variieren.
6. Die Rollen nebeneinander auf das Backblech legen und auf die mittlere Einschubleiste in den Backofen schieben.
7. Cantuccini 10–15 Minuten goldbraun backen und dann aus dem Ofen nehmen. Abkühlen lassen, dann vorsichtig schräg in etwa 2 cm dicke Scheiben schneiden. Die Kekse auf das Backblech legen und nochmals maximal 10 Minuten backen. Manche mögen die Cantuccini heller, ich bevorzuge sie dunkler. Beim Backen aufpassen, da die Kekse leicht anbrennen.

Tipp:
Man kann das Rezept beliebig variieren, zum Beispiel mit Samen, Cranberries oder Trockenfrüchten. Zu Weihnachten schmecken weihnachtliche Gewürze wie Nelken, Zimt und Kardamom toll. Außerdem sind sie ein schönes Geschenk.

Biscottoni con cuore tenero di frutta

KEKSE MIT FRUCHTIGER FÜLLUNG

∴ Für 8–10 Personen

- 1 Apfel
- 100 g Heidelbeeren
- 100 g Himbeeren
- 2 EL Ahornsirup
- 150 g Dinkelmehl
- 100 g gemahlene Mandeln
- 2 EL Dattelzucker
- 1 TL Backpulver
- 1 TL gemahlene Vanille
- 100 ml cremige Kokosmilch (aus der Dose)
- 4 TL Haselnussöl oder Mandelöl

1. Den Backofen auf 180 °C Umluft vorheizen. Apfel schälen, vierteln, Kerngehäuse entfernen und das Fruchtfleisch grob zerkleinern.
2. Für das Kompott die Heidelbeeren, Himbeeren und den Apfel mit dem Ahornsirup 20 Minuten in einem Topf köcheln und anschließend abkühlen lassen.
3. Mehl, gemahlene Mandeln, Dattelzucker, Backpulver und gemahlene Vanille in eine Schüssel geben und eine Kuhle in der Mitte formen. Kokosmilch und Haselnuss- oder Mandelöl hineingeben. Zu einem homogenen Teig kneten.
4. Ein Backblech mit Backpapier belegen. Aus dem Teig eine 4 cm große Kugel formen, flach drücken und auf das Blech legen.
5. In die Keksmitte 1 TL Kompott geben. Eine zweite Kugel formen, flach drücken und darauf setzen. An den Seiten behutsam zusammendrücken.
6. Den Vorgang mehrmals wiederholen, bis der Teig aufgebraucht ist.
7. Auf der mittleren Einschubleiste im vorgeheizten Ofen 25 Minuten goldbraun backen. Darauf achten, dass die Kekse nicht anbrennen, insbesondere solche mit Nüssen.

Optional:
Die Kekse mit 50 g Pinienkernen oder Nüssen dekorieren. Damit sie kleben, den Teig vorher mit etwas Ahornsirup bepinseln.

Tipp:
Anstelle der Fruchtfüllung schmeckt auch eine vegane Schokoladencreme. Über die Leckerei freuen sich vor allem Kinder.

Respektiere die Natur und sie respektiert dich

Dick und seine Sicht auf die Welt
Sauerteigbrot-Rezepte

Mein Großvater Dick beim Rasenmähen auf dem örtlichen Kirchhof. Meifod, Mittelwales, ca. 1992.

Dick respektierte die Natur
und die Natur respektierte ihn.

Wenn jemand erleuchtet war, dann am ehesten mein Großvater Richard Tanner (Dick). Er lebte immer in seiner ganz eigenen Welt. Wann immer sich meine Oma über etwas aufregte, reagierte er mit den Worten: „Das geht vorbei, Doris, das geht vorbei". Diesen Satz sage ich mir heute selbst oft in stressigen Situationen. Ob ich mich an diesen Moment in einem Jahr noch erinnern werde? Manchmal frage ich mich das, um die Vorkommnisse in eine gewisse Perspektive zu setzen.

Meditation war Teil von Dicks Alltag. Auf den klassischen Lotussitz konnte er verzichten, denn jede seiner tiefgründigen Taten war in sich meditativ. Er arbeitete sein ganzes Leben lang körperlich hart und verbrachte viel Zeit in seinem Garten. Dort beobachtete er den Wechsel der Jahreszeiten und ließ die Wunder dieser Welt auf sich wirken. Dick hatte keine Erwartungen an das Leben und akzeptierte das, was war. Im Einklang mit der Natur zu stehen, bedeutete für ihn, uns geht es gut. Er strahlte eine innere Ruhe aus und war meiner Erinnerung nach ein sehr fröhlicher Mensch, der mit sich zufrieden war. Seine beruhigende Art spiegelte sich in seinen Handlungen wider. Im Dorf war er nicht nur Sänger im Männerchor, sondern ließ auch regelmäßig die Kirchenglocken läuten. Eine ziemliche Vorstellung, wenn man bedenkt, dass ein 100-Kilo-Mann jeden Sonntagmorgen an den Glockenseilen hing und hoch und runter gezogen wurde. Doris spielte derweil oft die Kirchenorgel und begrüßte nahezu alle Dorfbewohner persönlich, während sie Platz nahmen.

Meine schönste Erinnerung an Dick war bei einem der letzten Male, als ich ihn sah. Gwenifer war zu dem Zeitpunkt noch ein Kleinkind. Als ich sie während unseres Besuchs in Wales abends ins Bett brachte, hörte ich Dick sein Gebet sprechen. Seine Stimme klang laut und deutlich. Er sagte: „Gott segne die kleine Gwenifer und die Kaninchen auf dem Feld". Flora und Fauna waren ihm genauso wichtig wie seine Urenkelin. Außerdem wusste er, dass Mensch und Natur voneinander abhängig sind. Seinen Prinzipien folgte er bis zum letzten Tag bei unglaublich guter Gesundheit. Dick wurde 97 Jahre alt. Er war kein D-Zug, sondern eher eine langsame und gemütliche Kaffeefahrt ohne ein bestimmtes Ziel vor Augen. Man konnte ihm oft dabei zusehen, wie er das Leben beobachtete und die Aussicht auf ein hausgemachtes Mittagessen mit eingelegten Zwiebeln genoss.

Mir ist jetzt klar geworden, dass ich die letzten 30 Jahre auf Hochtouren gelebt habe. Ich war ständig in Eile, bis jemand auf Pause drückte und ich zur Ruhe kam. Die Stille brachte Erinnerungen mit sich. Ich sah, wie mein Großvater draußen Erbsen schälte und gelegentlich einen Schmetterling einfing. Wie schaffte er es bloß, bei so viel Kuchen körperlich fit zu bleiben? Der Yoga-Lehre nach sollten 40 Prozent der täglichen Nahrung aus frischen, rohen Pflanzenprodukten bestehen. Dazu sollte man viel trinken, zumal der menschliche Körper zu 70 Prozent aus Wasser besteht. Mein Großvater aß sicher nicht so oft rohes Gemüse und Obst. Ich kann mich auch nicht daran erinnern, dass er etwas anderes als schwarzen Tee und Milch getrunken hat. Woher kam also seine unglaubliche Fitness? Lag es an seinen Genen oder der entspannten Art? Eine Antwort darauf habe ich nicht. Allerdings bin ich mir sicher, dass die Wissenschaft eines Tages mehr weiß.

> „Gott segne die kleine Gwenifer und die Kaninchen auf dem Feld"

Unser Wohlbefinden unterliegt heutzutage einer ganzheitlichen Betrachtung. Dabei spielen unsere Ernährungsweise, Gedanken und Emotionen eine Rolle. Das Äußere ist immer eine Reflektion des Inneren. Je wohler wir uns fühlen, desto angenehmer ist unsere

Präsenz. Meinte Dick das damit, als er sagte: „Kümmer dich um die Natur und sie wird sich um dich kümmern“? Und fühlen wir uns immer so, wie es der Welt gerade geht?

Dick war viele Jahre lang als Lohnarbeiter für die örtlichen Landwirte beschäftigt. Mit seinen dampfbetriebenen Traktoren war er einer der ersten, weshalb er täglich von den Bauern für die Getreideernte angefragt wurde. Wenn wir beim örtlichen Metzger waren, fragte er immer, von welcher Farm das Tier stammte. Damals dachte ich, er wäre einfach neugierig. Das ist für Waliser nicht untypisch. Später erfuhr ich, dass es ihm vielmehr darum ging, wie der Bauernhof die Tiere behandelte. Vielleicht meinte er das, wenn er von einem respektvollen Umgang mit der Natur sprach.

Bei der Arbeit folge ich den Prinzipien meines Großvaters. Bevor wir eine Partnerschaft mit einer neuen Fabrik eingehen, statte ich ihr einen Besuch ab. Die Besitzer und Mitarbeiter persönlich kennenzulernen, gibt mir eine klare Vorstellung von dem Arbeitsumfeld und sorgt für ein gegenseitiges Verständnis. Ich bin mit vielen unserer Lieferanten befreundet. Wir reden also nicht nur über den Job, sondern tauschen auch regelmäßig Rezepte miteinander aus. Bei der Auswahl unserer Stoffe ist es ähnlich. Wir haben ein enges Netzwerk aus Spinnereien, die ich zum Großteil auf meinen Reisen nach Japan, Italien und Portugal besucht habe. Die Herstellung von Denim spielt in der Modebranche und insbesondere bei Closed eine der wichtigsten Rollen, wenn es um den Respekt für unseren Planeten geht. Wir haben uns deshalb als Unternehmen dazu verpflichtet, nachhaltiger zu produzieren. Unser Design-Team reist regelmäßige nach Italien, um Prozesse besser zu verstehen und zu hinterfragen. Gibt es neue Maschinen, die mit weniger Wasser waschen? Was sind alternative Methoden zum Stone-Wash? Unsere Wäscherei befindet sich in der Gegend von Venedig. Dort werden mitunter einige der strengsten Kontrollen über die Wasserqualität durchgeführt. Ob ich von der Ehrfurcht meines Großvaters für der Umwelt etwas lernen kann? Ist es möglich, dass ich seine Regeln in meinen Beruf und mein Privatleben integriere?

Ob ich von der Ehrfurcht meines Großvaters für der Umwelt etwas lernen kann?

Beim Buchstabieren bin ich eine absolute Niete. Mir müssen ein paar Gehirnzellen fehlen, die genau dafür verantwortlich wären. Während ich dieses Buch schrieb, habe ich dem Wort „plant-based“ (zu Deutsch „auf pflanzlicher Basis“) ein zusätzliches „e“ angefügt. Und siehe da, es entstand ein völlig neues Wort...

Dick mit mir auf seinem Traktor im Hof des White House, 1983.

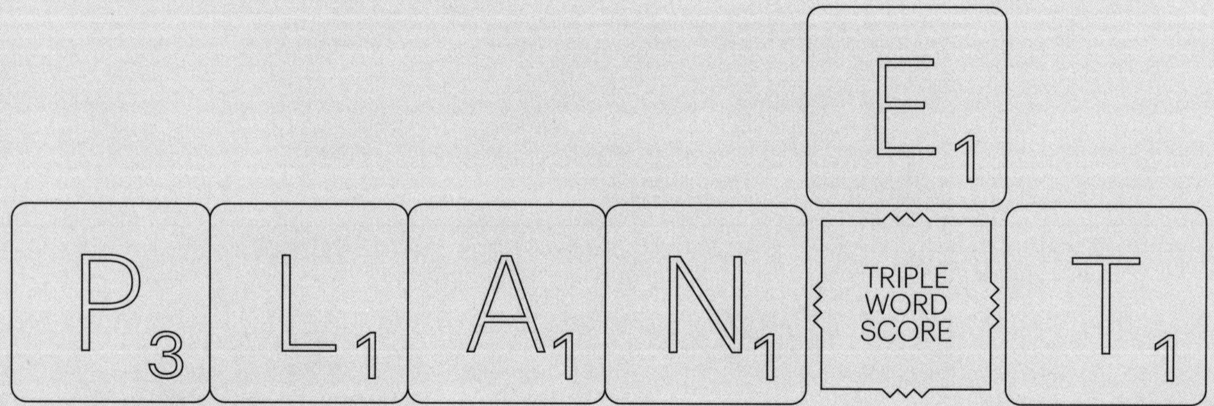

E 1
P 3
L 1
A 1
N 1
TRIPLE WORD SCORE
T 1

Beim Scrabble würde man mit dem zusätzlichen Buchstaben möglicherweise extra Punkte erzielen. Vielleicht hat das „e" aber auch einen tieferen Sinn, zum Beispiel als Synonym für Energie und Existenz. Um als Designer*in Erfolg zu haben, muss man die Schönheit in Fehlern entdecken. Bislang ist dies mein Favorit.

Eine Planet-basierte Ernährung entspricht meiner Philosophie und meinen Ideen über den Respekt vor der Natur und meinem Körper. Forscher glauben, dass der Verzicht auf tierische Produkte an den Wochentagen der Umwelt noch besser täte als sich rein vegetarisch zu ernähren. Tatsächlich sagt man, dass eine vegane Ernährung einen viel größeren Einfluss auf die Senkung der Treibhausgase hat, als wir selbst mit weniger Reisen oder der Nutzung von Verkehrsmitteln erreichen könnten.

Mir gefällt der Ausdruck Planet-basiert und ich denke, Dick würde es genauso sehen. Mit jedem Bissen bin ich dankbar für meinen Körper und, wie er, alle Kaninchen auf den Feldern. Der positive Einfluss einer Planet-basierten Ernährung auf mein Wohlbefinden lässt mich nachdenken. Welchen Unterschied würde es wohl machen, wenn man beim Einkaufen genauso handelt?

„Wenn du denkst, dass du zu klein bist, um etwas zu bewirken, versuch mal zu schlafen, wenn eine Mücke im Raum ist." Dalai Lama

Als im März 2020 in Deutschland der erste Lockdown beschlossen wurde, waren Gwenifer und ich auf dem letzten Rückflug aus Marrakesch für die nächsten drei Monate. Dass die Schulen geschlossen wurden, bedeutete für eine Sechzehnjährige eine Herausforderung. Gwenifer hatte schließlich die Idee, einen eigenen Sauerteig anzusetzen. In Deutschland kannte man diesen Teig in einer süßen Version in den 1980- und 1990er-Jahren als „Hermann". Man gab ihn an Freunde und Familie weiter. Wir tauften unseren „Charles" und später „Charlie" – die britische Version sozusagen. Ihm geht es nach wie vor gut und er war sogar schon mit uns im Urlaub. Gwen und ich wollten ihn nicht allein zu Hause lassen, also begleitete er uns im Sommer auf einem Roadtrip durch Ostdeutschland.

In der Zwischenzeit haben wir uns zu passionierten Sauerteigbrot-Bäckerinnen entwickelt, insbesondere wenn Besuch ansteht. Unser liebstes Mitbringsel backen wir meistens einmal am Wochenende. Wir lieben diese Art von Brot, weil sie leichter zu verdauen ist. Außerdem hat Sauerteig viele gesundheitliche Vorteile, unter anderem auf die Anzahl „guter" Darmbakterien.

In Deutschland kennt man diesen Teig in einer süßen Version als „Hermann". […] Wir tauften unseren „Charles" und später „Charlie" – die britische Version sozusagen.

Wissenschaftliche Studien belegen, dass ein Zusammenhang zwischen der Darmflora und unserem Wohlbefinden besteht. Heilpraktiker sind zudem überzeugt, dass Gefühle und Emotionen nicht im Gehirn, sondern im Bauch entstehen. Und wer weiß, vielleicht gibt es für den Begriff „Bauchgefühl" in Zukunft ja auch eine wissenschaftliche Erklärung.

Es ist bekannt, dass die übermäßige Einnahme von Antibiotika schädliche Auswirkungen auf die Darmtätigkeit hat. Vielen Kindern der 1970er- und 1980er-Jahre oft sinnlos Antibiotika verschrieben. Heute kommen Alltagsstress und typische Flucht-oder-Kampf-Reaktionen aus dem Gehirn hinzu. Alles zusammen führt dann dazu, dass regelmäßig mehr Adrenalin in unserem Darm ausgeschüttet wird und dort ein Ungleichgewicht entsteht. Darüber hinaus wird für die körpereigenen Abwehrmechanismen mehr Energie in den Armen und Beinen aufgewendet. Wichtige Organe, einschließlich Herz und Magen, kommen entsprechend zu kurz. Yoga und Meditation können dem Prozess entgegenwirken, indem wir einen bewussten Ausgleich für unseren Körper, Geist und Seele schaffen.

Hier ist er: Sir Charles der Sauerteig (Spitzname Charlie).

Das Kneten von Brot hat etwas sehr Beruhigendes an sich. Doris wollte deshalb unbedingt, dass ich es lerne. Das Brotbacken hat sie mir beigebracht, doch das Gefühl und den Genuss habe ich erst im letzten Jahr erfahren. Zu sehen, wie die klebrige Masse aus Mehl und Wasser sich wandelt, hat etwas von Kunst. So wie eine Skulptur, die langsam aus Stein Form annimmt.

Mein Großvater, Richard Tanner, und ich waren Doris' Assistenten in der Küche. Richard, kurz Dick, war für die Technik zuständig. Doris brauchte keinen Standmixer oder ein Handrührgerät, denn dafür hatte sie Dick. Er saß ruhig da, während er den Anweisungen von Doris folgte und im gewünschten Tempo mischte, faltete oder rührte. Seine Hingabe war der Aussicht auf die köstlichen Leckereien geschuldet, die sie gemeinsam zubereiteten. Kein Küchengerät konnte Dicks Rührkünste übertreffen. Es war ein Liebesbeweis an Doris und alles, was sie für die Familie backte.

> „Lass die Schönheit dessen, was du liebst, das sein, was du tust." Rumi

Weil Doris weniger auf Zack war, wurde ich als Abnehmerin und Botin beauftragt. Was immer sie aus der Speisekammer benötigte, ich holte es ihr. Meine Begeisterung für die Arbeit hat sich nicht unbedingt auf meinen Großvater übertragen.

Beim Kneten von Brot sollte man möglichst von außen nach innen arbeiten und den Teig dann mit dem Handballen nach unten drücken. Weiches Brot mit einer luftigen und lockeren Struktur wie einen Kaugummi dehnen und schütteln. Dann in einer Schüssel zur Mitte hin falten, nach unten drücken und drehen. Doris hatte das Kneten so sehr perfektioniert, dass es mich an einen rhythmischen Tanz oder Schlagzeuger erinnerte. Wen überrascht es da, dass meine Cousine, Doris' andere Enkelin, professionelle Taiko-Trommlerin war. Abgesehen davon war ja auch Doris musikalisch begabt. Backen, Kochen, Musik, Bewegung und Design – zusammen ergibt das durchaus Sinn.

Sir Charles: Der Sauerteig-Mix

Gwenifers Anleitung für selbstgemachten Sauerteig (oder Charlie, wie wir ihn gerne nennen).

SCHRITT 1

In einem großen Einmachglas 2 EL Weizenmehl und 2 EL Wasser mischen. Hierzu normales Weizenmehl verwenden. Alternativ eignet sich auch eine Mischung aus fein gemahlenem Weizen- und Vollkornmehl, wodurch die Gärung schneller in Gang kommt. Für unseren ersten Sauerteig, Charlie, haben wir klassisches Weizenmehl verwendet. Die Mischung an einem hellen, warmen Ort gehen lassen. Direktes Sonnenlicht sollte vermieden werden.

SCHRITT 2

Diesen Vorgang jeden Tag für eine Woche wiederholen.
Vom Ansatz 2 EL abnehmen, wegwerfen und durch 2 EL Mehl und 2 EL Wasser ersetzen. Gut vermischen. Der Teig wird aufgrund der Gärung nach wenigen Tagen leicht riechen und blubbern, das ist ganz normal.

Nach 4 bis 7 Tagen erinnert der Geruch des Teigs an Hefe oder Brot.

Der Sauerteig sollte nach 7 Tagen aufgegangen sein und Bläschen gebildet haben.

SCHRITT 3

Nach 6 bis 7 Tagen Gehzeit ist der Sauerteig fertig. Danach kann es ans Brotbacken gehen.

SCHRITT 4

Wenn jeden Tag Brot gebacken werden soll, die Sauerteigmischung, Charlie, auf die Fensterbank stellen. Vom Ansatz 2 EL abnehmen und durch 2 EL Mehl und 2 EL Wasser ersetzen. Gut vermischen.

Wenn einmal die Woche Brot gebacken werden soll, die Sauerteigmischung, Charlie, im Kühlschrank aufbewahren. Vom Ansatz 2 EL abnehmen und durch 2 EL Mehl und 2 EL Wasser ersetzen. Nicht vergessen, alles gut zu mischen. Den Vorgang einmal pro Woche wiederholen, bevor das Brot gebacken wird.

SCHRITT 5

Der Sauerteig wird nach einigen Monaten stärker, kann aber auch weniger aufgehen als auf dem Foto. Die Festigkeit nimmt mit der Zeit zu, sodass der Teig immer höher wird.

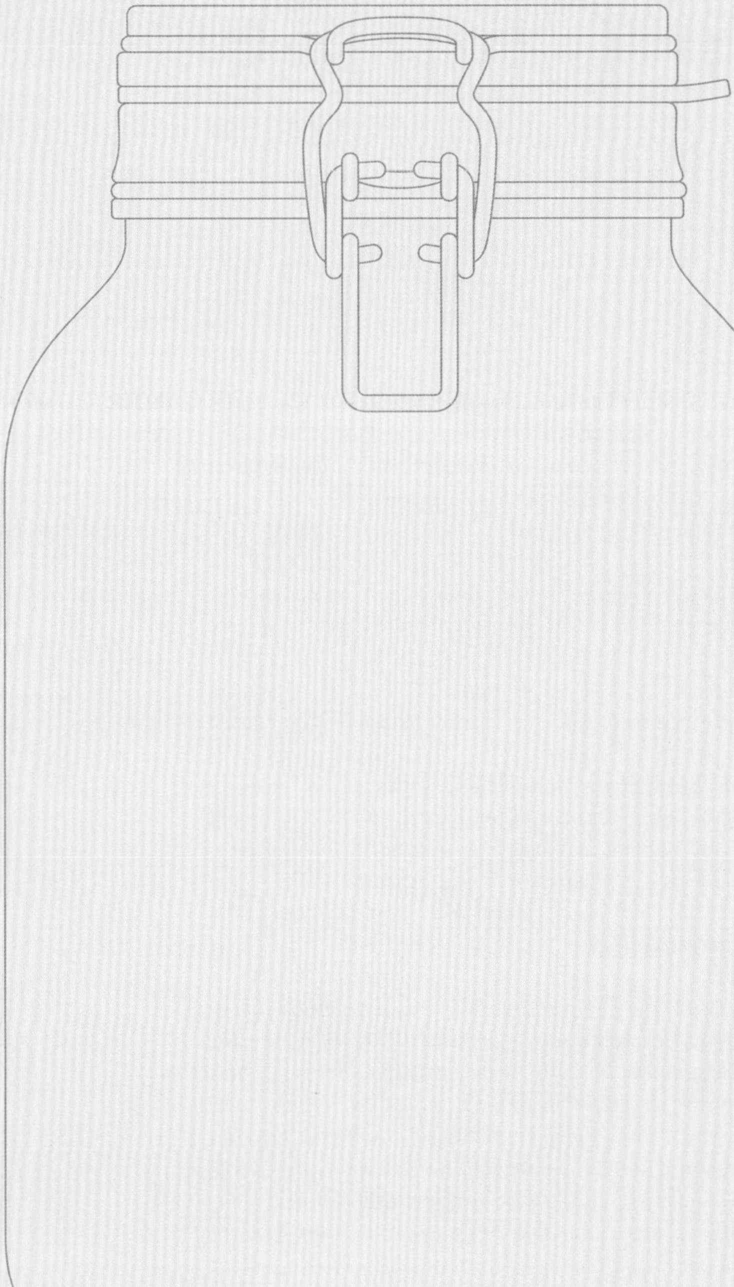

Gwens erstes Brot mit Sir Charles

Normalerweise backen wir ein bis zwei Brote pro Woche, indem wir Charlie im Kühlschrank aufbewahren und ein- bis zweimal wöchentlich füttern. Für täglich frisches Brot den Sauerteig auf der Fensterbank aufbewahren und jeden Tag etwas Weizenmehl und Wasser hinzugeben.

Guten Appetit und viel Spaß beim Backen!

□ Für ein Backblech
∴ Für 1 Brot

— 2 EL Sauerteigansatz
— 1 kg Weizenmehl
— 20 g Salz
— Olivenöl für die Schüssel

1 Einen Abend vor dem Brotbacken 2 EL vom Sauerteig abnehmen und in ein großes Glas geben. Mit 2 EL Mehl und 2 EL Wasser mischen. Über Nacht gären lassen.
2 Für das Brot zuerst das Mehl mit 800 ml Wasser und dem Salz mischen. Die Masse sollte sehr klebrig sein. Alles zu einer gleichmäßigen Masse verrühren und 30 Minuten gehen lassen.
3 Als nächstes den Teig in zwei gleich große Stücke teilen.
4 Beide Stücke zur Hälfte falten und zu einer Kugel rollen. Den Teig 30 Minuten ruhen lassen, dann den Vorgang wiederholen. Nach dem zweiten Mal den Teig dehnen, sodass eine runde Form entsteht. Zwei Schüsseln bemehlen und mit Olivenöl einpinseln. Den Teig ebenfalls mit Mehl bestäuben und hineinlegen.
5 Über Nacht ruhen lassen.
6 Am nächsten Morgen den Backofen auf 200 °C Umluft vorheizen. Ein Backblech mit Backpapier belegen und im Ofen vorwärmen. Jetzt einfach den Teig aus der Schüssel heben, am besten mit einem Spatel, und auf das Blech legen. Bevor das Brot in den Ofen kommt, sollte man den Teig oben tief einritzen. Eine ofenfeste Schüssel mit Wasser in den Backofen stellen. Der Dampf sorgt für eine schöne Kruste.
7 Das Brot auf der mittleren Einschubleiste im vorgeheizten Ofen 20 Minuten backen. Die Schüssel aus dem Ofen nehmen, dabei den Dampf kurz entweichen lassen. Dann weitere 20 Minuten backen. Ob das Brot fertig ist, erkennt man mit dem Klopftest. Dazu den Laib umdrehen und auf die Unterseite klopfen. Klingt es hohl, ist das Brot durchgebacken. Vor dem Verzehr am besten 2 Stunden abkühlen lassen, damit es sich besser schneiden lässt.

Charlie, der Sauerteigansatz, ist mit in den Urlaub gekommen. Seine erste Reise war im August 2020 auf einem Roadtrip durch Ostdeutschland. Charlie war auch schon auf Sylt. Hier ist Charlie am Strand. Sylt, 2021.

Rustikales Roggenbrot

Wenn ich von der Schule nach Hause kam, begrüßte mich Doris mit frisch gebackenem Brot. „Kleiner oder großer Hunger?“, fragte sie dann, was so viel heißen sollte wie: Möchtest du eine dicke oder dünne Scheibe? Letzteres wäre damenhafter, fand sie.

▢ Für einen Bräter
∴ Für 1 Brot

— 2 EL Sauerteigansatz
— 400 g Weizenmehl plus 1 EL und etwas für die Form
— 275 g Roggenmehl
— 12 g Salz

1 2 EL Sauerteig abnehmen und in ein Glas geben. Mit 1 EL Weizenmehl und 1 EL Wasser mischen. Über Nacht mit geschlossenem Deckel gären lassen. Die abgenommen 2 EL Sauerteig durch 2 EL Weizenmehl und 2 EL Wasser ersetzen.
2 Alle Zutaten am nächsten Morgen oder Abend mit 500 ml lauwarmem Wasser vermischen. Abdecken und 12–18 Stunden bei Zimmertemperatur ruhen lassen. Den Teig falten, kneten und weitere 2–8 Stunden ruhen lassen.
3 Eine Arbeitsfläche bemehlen und den Brotteig so kneten, dass etwas Luft entweichen kann. Den Teig anschließend zu einer Kugel kneten.
4 Etwas Mehl auf den Boden eines Bräters stäuben, das Brot hineinlegen und eine Metallschüssel mit etwa 50 ml Wasser in eine Ecke der Form stellen. Dies sorgt dafür, dass während des Backens etwas Dampf entsteht.
5 Den Backofen auf 250 °C Umluft vorheizen. Dann die Hitze auf 230 °C reduzieren und das Brot im Bräter 35 Minuten backen. Den Deckel abnehmen und weitere 15 Minuten backen.
6 Das Brot ist fertig, wenn es hohl klingt. Dazu den Laib mit Ofenhandschuhen anheben und mit den bloßen Fingerknöcheln auf die Unterseite wie an eine Haustür klopfen.

Bonjour Baguette

Zwei Wochen lang haben Gwenifer und ich leidenschaftlich Baguettes gebacken. Meine Tochter hat eine Verbindung zu Frankreich, denn sie ging auf eine französischsprachige Schule, bevor sie an das deutsche Gymnasium hier wechselte. Außerdem lieben wir beide Paris. Mit meinem Job hatte ich vor der Pandemie das Glück, zweimal im Jahr dorthin reisen zu können.

Um ehrlich zu sein, bezweifle ich, dass Doris Baguette gemocht hätte. Die Kruste wäre ihr viel zu viel gewesen. Wie bei den meisten Menschen über 60 und Ende der 1990er-Jahre war ihr Gebiss überwiegend das Werk eines Zahnarztes. Schade, denn Baguette hätte ihr den besten Grund für die Verwendung von mehr Butter gegeben. Die liebte sie nämlich.

▢ Für ein Backblech
∴ Für 3 Baguettes

— 2 EL Sauerteigansatz
— 600 g + 2 EL Weizenmehl plus etwas für die Arbeitsfläche
— 13 g Salz

1 Am Abend vor dem Backen der Baguettes 2 EL des Sauerteigansatzes mit 2 EL Mehl und 2 EL Wasser mischen. Nicht vergessen: 2 EL Mehl und 2 EL Wasser in die Sauerteigmischung geben.
2 Mit übrigem Mehl, 370 g Wasser und dem Salz mit den Händen mischen, bis der Brotteig Form annimmt. Den Teig mit einem sauberen, feuchten Tuch abdecken und 24 Stunden ruhen lassen. Ich nutze dazu die Küchenfensterbank, unter der sich eine Heizung befindet.
3 Nach 6–12 Stunden den Teig zur Mitte falten und umdrehen, damit sich Luftblasen bilden. Den Vorgang nach 16–18 Stunden wiederholen.
4 Nach dem Gehen den Brotteig auf eine bemehlte Arbeitsfläche legen und in 2 gleiche Stücke schneiden. Mit leichtem Druck rolle ich daraus einen Strang. Wichtig ist, dass die Luftblasen nicht entweichen. Dann das Baguette schräg einritzen. So bekommt es sein typisches Aussehen. Die beiden Längsseiten anschließend zur Mitte hin einschlagen, wobei die Form an einen Schmollmund erinnert. Alternativ ein scharfes Messer zur Hand nehmen und einen langen Schnitt über den Baguette-Teigling ziehen.
5 Zum Backen empfehle ich ein großes Backblech. Mit Mehl bestäuben, den Teig darauf legen und eine Metallschale mit Wasser in den Ofen stellen. Der Wasserdampf sorgt dafür, dass eine schöne Kruste entsteht. Man kann auf diese kleinen Tricks verzichten, aber sie lassen das Baguette wirklich wie in Frankreich schmecken.
6 Die Baguettes zugedeckt 30 Minuten ruhen lassen. Den Backofen auf 250 °C Umluft vorheizen. Dann auf der mittleren Einschubleiste im vorgeheizten Ofen 20 Minuten backen, Temperatur auf (180 °C Umluft) reduzieren und weitere 15–20 Minuten backen.
8 Ob das Brot fertig ist, erkennt man mit dem Klopftest. Wenn es durchgebacken ist, klingt es hohl.

Roggen-Kümmel-Brötchen

Dieses Rezept ist ein Klassiker. Der Geschmack von Kümmel ist typisch für die deutsche Küche und wird hier kombiniert für Brötchen, wie man sie aus Downton Abbey kennt.

□ Für ein Backblech
∴ Für 6 Brötchen

- 220 g Roggenmehl
- 2 EL Sauerteigansatz
- 90 ml Kokosmilch (aus der Dose)
- 10 g Salz plus etwas zum Bestreuen
- 2 TL Kümmel plus etwas zum Bestreuen
- 1 EL Pflanzendrink (ohne Zuckerzusatz) plus etwas zum Bestreichen
- je 1 TL weiße und schwarze Sesamsamen

1 Mehl in eine Schüssel geben und in der Mitte eine Kuhle für die restlichen Zutaten formen. Zuerst den Sauerteigansatz, dann die Kokosmilch, das Salz und den Kümmel hineingeben. Aufpassen, dass es sich nicht um Kreuzkümmel handelt. Mit 125 ml Wasser und dem Pflanzendrink bedecken, dann mit den Händen zu einem festen Teig formen.
2 Abdecken und über Nacht an einem warmen Ort ruhen lassen. Aufgrund der Mehlsorte wird der Teig nur wenig aufgehen.
3 Den Backofen auf 175 °C Umluft vorheizen.
4 Den Teig in 6 gleich große Stücke teilen und mit den Händen zu Kugeln rollen. Die Brötchen auf der Oberseite mit etwas Pflanzendrink bepinseln, Kümmel und Sesamsamen darauf verteilen und mit etwas Salz bestreuen.
5 Ein Backblech mit Backpapier belegen und die Brötchen darauf verteilen. Auf der mittleren Einschubleiste im vorgeheizten Ofen 35 Minuten backen.

Sesamhörnchen

1 Haferflocken und Senfkörner im Mixer zerkleinern. Dann die restlichen Zutaten, außer die Sesamsamen, und 300 ml Wasser dazugeben.
2 Über Nacht zugedeckt an einem warmen Ort ruhen lassen.
3 Den Backofen auf 175 °C Umluft vorheizen.
4 Die Arbeitsfläche mit Mehl bestäuben und den Teig 1 cm dick ausrollen, in Dreiecke schneiden und mit den Händen kleine Halbmonde formen. Mit Olivenöl bepinseln und Sesamsamen darüber streuen.
5 Auf ein mit Backpapier belegtes Backblech legen und auf der mittleren Einschubleiste vorgeheizten Ofen 25 Minuten backen.

Tipp:
Das Rezept eignet sich auch für Kekse oder Cracker. Dazu den Teig ½ cm dünn ausrollen und mit Plätzchenausstechern ausstechen. Mit Olivenöl bepinseln und Sesamsamen darüber streuen. Die Backzeit verkürzt sich um 18–20 Minuten.

□ Für ein Backblech
∴ Für 10–12 Hörnchen

— 200 g Haferflocken
— 15 g Senfkörner
— 300 g Weizenmehl plus etwas für die Arbeitsfläche
— 15 g Sauerteigansatz
— 1 EL Ahornsirup
— 15 g Salz
— 2 EL Sojajoghurt
— Olivenöl zum Bepinseln
— 2 EL Sesamsamen

Pistazien-Koriander-Brot

Dieses einfache und schnelle Brotrezept schmeckt sowohl auf süße als auch herzhafte Weise.

1 Das Mehl mit dem Buchweizen in einer Schüssel vermischen und eine kleine Kuhle in der Mitte formen, sodass etwas höhere Seiten und eine flache, nestähnliche Mitte entstehen. Den Sauerteigansatz hineingeben.
2 Den äußeren Rand und die Mitte des Sauerteigs mit dem gemahlenen Koriander und Salz bestreuen. Zuerst Pistazien und Öl, dann 250 ml lauwarmes Wasser darauf geben.
3 Alles zusammen mit den Händen vermischen, bis ein fester Teig entsteht. Sauerteig über Nacht mit einem sauberen, feuchten Tuch abdecken und an einem warmen Ort gehen lassen.
4 Am nächsten Tag den Ofen auf 175 °C Umluft vorheizen.
5 Die Backform mit Mehl bestäuben und eine große oder zwei kleine Kugeln formen. Teig an der Oberseite einschneiden.
6 Im vorgeheizten Backofen 45–50 Minuten backen.

□ Für 1 Brotbackform
∴ Für 1 Brot

— 230 g Roggenmehl Type 812
— 250 g Hartweizenmehl
— 70 g Buchweizen
— 2 EL Sauerteigansatz
— 2 TL gemahlener Koriander
— ½ TL Salz
— 50 g gehackte Pistazien
— 25 ml Pistazienöl

Focaccia

Das selbstgebackene Brot eignet sich auch als ein tolles Mitbringsel für den Besuch bei Freunden.

▢ Für eine rechteckige Backform (25×35 cm)
∴ Für 1 Brot

— 2 EL Sauerteigansatz
— 550 g + 2 EL Weizenmehl plus etwas für die Arbeitsfläche
— 12 g Salz
— 25 ml Olivenöl

Zur Dekoration:
— Olivenöl
— Meersalz
— frischer Thymian
— Cocktailtomaten
— 1 Handvoll Oliven

1 Den Sauerteigansatz mit 2 EL Mehl und 2 EL Wasser mischen und über Nacht ruhen lassen.
2 Am nächsten Tag alle Zutaten mit knapp 400 ml lauwarmem Wasser mischen, den Teig mit einem sauberen feuchten Tuch abdecken und 24 Stunden und an einem warmen Ort ruhen lassen. Ich nutze dazu die Küchenfensterbank, unter der sich eine Heizung befindet.
3 Den Teig nach 8 Stunden erstmals durchkneten.
4 Die Arbeitsfläche bemehlen und den Teig darauf legen. Mehrmals falten, zu einem Rechteck formen und in eine Backform legen. Die Oberseite mit den Fingern etwas andrücken.
5 Den Backofen auf 250 °C Umluft vorheizen.
6 Die Focaccia 30 Minuten ruhen lassen. Mit Olivenöl bepinseln und das Meersalz sowie den Thymian darüber streuen. Zuletzt die Tomaten und Oliven auf dem Brot verteilen. Anschließend auf die mittlere Einschubleiste den vorgeheizten Ofen schieben, die Temperatur auf 230 °C Umluft reduzieren und die Focaccia 20–22 Minuten backen.
7 Ob das Brot fertig ist, erkennt man mit dem Klopftest. Wenn es durchgebacken ist, klingt es hohl.

Flammkuchen mit Räuchermandeln

Eines unserer Lieblingsessen ist Flammkuchen. Gwen hatte die Idee, aus dem Klassiker eine vegane Variante mit Räuchermandeln zu kreieren. Das Rezept reicht für sechs ganze Flammkuchen.

1 Den Sauerteigansatz mit 1 EL Mehl und 1 EL Wasser mischen und über Nacht ruhen lassen.
2 Den Backofen auf 250 °C Umluft vorheizen.
3 Mehl und Salz mit 145 g Wasser und dem Sauerteigansatz mischen und 24 Stunden bei Zimmertemperatur gehen lassen.
4 Eine Arbeitsfläche bemehlen und den Teig in 6 gleich große Stücke teilen. Damit nichts am Nudelholz kleben bleibt, den Teig mit Mehl bestreuen und dünn ausrollen. Knoblauch fein hacken, Zwiebeln in sehr feine Ringe schneiden.
5 Die Creme Vega mit Knoblauch und Zwiebeln vermischen. Die Mischung wie Tomatensauce auf einer Pizza gleichmäßig auf dem Teig verteilen. Für die Kruste 1 cm Rand frei lassen. Mit dem veganen geriebenen Käse und den geräucherten Mandeln bestreuen.
6 Auf der mittleren Einschubleiste 5–8 Minuten backen.

▢ Für ein Backblech
∴ Für 6 Personen

— 1 EL Sauerteigansatz
— 250 g + 1 EL Weizenmehl plus etwas für die Arbeitsfläche
— 6 g Salz
— 2 Knoblauchzehen
— ½ kleine rote Zwiebel
— 3–4 EL Dr. Oetker Creme Vega
— 1 Handvoll geriebener veganer Käse
— 10–12 geräucherte Mandeln

Rosinen-Nuss-Brot mit Sauerteig

Das Rezept ist eine leckere Alternative zu Süßigkeiten. In Deutschland sind Rosinenbrötchen ein beliebter Kindergarten-Snack. Noch besser schmeckt das Brot, wenn es getoastet ist.

1 Die Sultaninen mit den Mandeln vermischen, Vanille und Portwein hinzugeben und über Nacht durchziehen lassen.
2 Das Mehl in eine Rührschüssel geben und in der Mitte eine Kuhle formen. Den Sauerteigansatz hineingeben, dann mit dem Kokosblütenzucker bedecken. Dann Mandeldrink und Salz zufügen. Die Kokosmilch nicht in die Mitte gießen, sondern am Rand auf dem Mehl verteilen.
3 Die flüssigen Zutaten mit dem Mehl bedecken und mit den Händen mischen. Das ist zwar eine eine ziemlich matschige Angelegenheit, aber für das Ergebnis lohnt es sich. Den Teig solange verkneten, bis alle trockenen Zutaten gut mit dem Pflanzendrink vermengt sind.
4 Die Schüssel mit einem sauberen, feuchten Tuch abdecken und über Nacht an einem warmen Ort, zum Beispiel auf der Fensterbank, gehen lassen.
5 Die eingeweichten Mandeln und Sultaninen zugeben, mischen und anschließend 4–8 Stunden ruhen lassen.
6 Den Backofen auf 175 °C Umluft vorheizen.
7 Die Arbeitsfläche bemehlen, den Teig darauf legen und zu einem Rechteck formen. Die Oberseite leicht mit Mehl bestäuben, dann beide Längsseiten zur Mitte hin falten. Auf diese Weise entsteht der für Brote typische Schlitz.
8 Eine Kastenform mit Kokosöl einfetten und den Brotteig hineingeben. Aufpassen, dass er seine Form nicht verliert. Den Teig 10–20 Minuten abdecken, während der Ofen sich aufheizt.
9 Auf der mittleren Einschubleiste im vorgeheizten Backofen 35 Minuten backen. Ob das Brot fertig ist, erkennt man mit dem Klopftest. Dazu mit dem Finger auf die Oberseite klopfen. Klingt es noch nicht hohl, weitere 5–10 Minuten backen.

▢ Für eine Kastenform (25 cm)
∴ Für 1 Brot

— 100 g Sultaninen
— 100 g gehackte Mandeln
— ¼ TL gemahlene Vanille
— 3 EL Portwein (optional Kräutertee)
— 250 g Weizenmehl plus etwas für die Arbeitsfläche
— 3 gehäufte EL Sauerteigansatz
— 45 g Kokosblütenzucker
— 75 ml lauwarmer Mandeldrink (ohne Zuckerzusatz)
— 1 Prise Salz
— 125 ml Kokosmilch (aus der Dose)
— Kokosöl für die Form

Roggen-Körnerbrot mit Rosinen

1 Den Sauerteigansatz mit 1 EL Weizenmehl und 1 EL Wasser mischen. Über Nacht mit geschlossenem Deckel gären lassen.
2 Am nächsten Tag zuerst alle Zutaten vermischen. In der Mitte eine Kuhle formen und 450 ml lauwarmes Wasser hineingeben. Von außen nach innen vermengen und den Teig zu einer weichen Kugel formen. Ist die Mischung zu flüssig, braucht sie etwas mehr Mehl. Ist sie zu trocken, 1–2 EL warmes Wasser zugeben.
3 Abdecken und 12–18 Stunden bei Zimmertemperatur ruhen lassen. Den Teig falten, kneten und weitere 2–8 Stunden ruhen lassen.
4 Eine Arbeitsfläche bemehlen und den Brotteig so kneten, dass etwas Luft entweichen kann. Den Teig anschließend zu einer Kugel formen.
5 In einen Bräter mit Deckel geben. Etwas Mehl auf den Boden der Form streuen und eine Metallschüssel mit etwa 50 ml Wasser in eine Ecke der Form stellen. Dies sorgt dafür, dass während des Backens etwas Dampf entsteht.
6 Den Backofen auf 250 °C Umluft vorheizen. Dann die Hitze auf 230 °C reduzieren und das Brot im geschlossenen Bräter auf der mittleren Einschubleiste 35 Minuten backen. Den Deckel abnehmen und weitere 15 Minuten backen.
7 Das Brot ist fertig, wenn es hohl klingt. Dazu den Laib mit Ofenhandschuhen anheben und mit den bloßen Fingerknöcheln auf die Unterseite wie an eine Haustür klopfen.

▢ Für einen Bräter
∴ Für 1 Brot

— 2 EL Sauerteigansatz
— 120 g + 1 EL Weizenmehl Type 550 plus etwas für die Arbeitsfläche
— 145 g Roggenvollkornmehl
— 50 g Roggenschrot
— 275 g Weizenmehl Type 405
— 75 g Sonnenblumenkerne
— 75 g Sultaninen
— 12 g Salz

Bananenbrot

1 Die Bananen schälen und einem Brei zerdrücken. Das Mehl in eine Rührschüssel geben und in der Mitte eine Kuhle formen. Danach den Kokosblütenzucker und den Sauerteigansatz dazugeben. Die Creme Vega und den Bananenbrei gleichmäßig am Rand verteilen. Anschließend Salz, Vanille und Zimt hinzufügen. Rosinen am Rand verteilen und den Mandeldrink in die Kuhle gießen.
2 Alles zusammen 2 Minuten mit einem Silikonspatel verrühren, bis eine glatte Masse entsteht. Den Teig mit beiden Händen von der Mitte aus zu einer Kugel kneten. Dieser ist anfangs klebrig, aber das ist normal.
3 Die Schüssel abdecken und über Nacht an einem warmen Ort lagern.
4 Den Backofen auf 180 °C Umluft vorheizen.
5 Arbeitsfläche mit Mehl bestäuben und den Teig darauf zu einem Rechteck dehnen. Oberfläche bemehlen, die langen Seiten zur Mitte hin umfalten und die klebrige Masse auf ein Blech legen.
6 Auf der mittleren Einschubleiste im vorgeheizten Backofen 40 Minuten backen.
7 Ob das Brot fertig ist, erkennt man mit dem Klopftest. Wenn es durchgebacken ist, klingt es hohl.

▢ Für ein Backblech
∴ Für zwei kleine Brote

— 3 überreife Bananen
— 250 g Weizenmehl plus etwas für die Arbeitsfläche
— 55 g Kokosblütenzucker
— 15 g Sauerteigansatz
— 150 g Dr. Oetker Creme Vega
— 1 Prise Salz
— ¼ TL gemahlene Vanille
— 1 TL Zimtpulver
— 100 g Rosinen
— 100 ml lauwarmer Mandeldrink (ohne Zuckerzusatz)

Bananarama-Brot

She's got it, oh baby, she's got it!

Top of the Pops (1986): Damals schaute ich die Kult-TV-Show jeden Donnerstagabend. Meine Jeans mit Knielöchern waren der Beweis, und zugleich Grund für Doris' Verzweiflung. Aus ihrem Seidentuch machte ich ein Stirnband mit Knoten, der vor meinen Augen herunterhing.

Dieses Brot liegt aufgrund der alternativen Mehlsorten vielleicht etwas schwer im Magen und kann besser probiert werden, wenn man sich an den Geschmack bereits gewöhnt hat.

1 Den Ofen auf 180 °C Umluft vorheizen.
2 In einem Mixer die geschälten und zerdrückten Bananen mit der Kokosmilch 3–4 Minuten mischen, bis eine gleichmäßige Masse entstanden ist.
3 Zusammen mit den anderen Zutaten auf mittlerer Stufe für weitere 3–4 Minuten mixen. Das ist gerade genug Zeit, um einen 80er-Song anzustimmen: *I am your Venus, I'm your fire, your desire!*
4 Die Mischung in eine gefettete Kastenform geben, mit ganzen Pekannüssen dekorieren und 30 Minuten auf der mittleren Einschubleiste im vorgeheizten Ofen backen.

▢ Für eine kleine Kastenform (20 cm)
∴ Für 1 Brot

— 3 überreife Bananen
— 1 Dose Kokosmilch (aus der Dose)
— 160 g Buchweizenmehl
— 120 g Kichererbsenmehl
— 1 EL Backpulver
— 160 g Kokosblütenzucker
— ½ TL Zimtpulver
— 1 Prise frisch geriebene Muskatnuss
— 60 g gehackte Pekannüsse plus eine Handvoll ganze Nüsse für die Dekoration
— 1 Prise Salz
— Fett für die Form

Übung macht den Meister

Lebenslektionen aus einer walisischen Erziehung
Doris' Nachtisch und Tartes

Meine ältere Schwester und ich. White House, Mittelwales, ca. 1977.

Was wir in jungen Jahren lernen, kann als Blaupause für das spätere Leben dienen.

Zusammen mit meinen Eltern erteilten mir Dick und Doris einige der wichtigsten Lektionen für die Zukunft. Und wenn ich im Nachhinein darüber nachdenke, lief es für mich oft weniger gut, wenn ich nicht auf ihre Weisheiten gehört habe. Als Kinder werden uns viele Dinge beigebracht, die von unschätzbarem Wert sind und Wegweiser zum Glück sein können.

Einige Lektionen, die ich als Kind gelernt habe:
— Dankbarkeit im Leben zu zeigen
— Lernen, auf andere zu hören
— Pünktlich zu sein
— Die Wahrheit zu sagen
— Geben, ohne etwas dafür zu erwarten
— Ein Vorbild für jüngere Menschen zu werden
— Nicht schlecht über andere zu sprechen

Im letzten Jahr habe ich oft über Reichtum nachgedacht und mir die Frage gestellt: Was bedeutet es, *wirklich reich* zu sein? Gesundheit ist der größte Wohlstand, besagt ein Sprichwort. Denke ich an meine Kindheit zurück, so erinnere ich mich an Dick, der jeden Abend betete und seine Dankbarkeit ausdrückte. Heute glaube ich zu verstehen, wie reich er war.

Seit ich mich durch Yoga und Meditation mit Achtsamkeit beschäftige, wache ich morgens ohne negative Gedanken auf. Statt an Probleme zu denken, lausche ich dem Vogelgezwitscher oder beobachte das Lichtspiel im Zimmer und wie sich die Bäume im Wind vor meinem Fenster bewegen. Meine Aufgaben sind dieselben geblieben (und sogar mehr geworden), aber es ist nicht mehr die gleiche Herausforderung. In Design-Meetings konzentriere ich mich auf das, was wir haben und nicht auf das, was wir *nicht* haben. Lösungen zu finden, ist immer ein Teil des kreativen Prozesses.

Doris sagte immer, dass walisische Mädchen gerne viel reden. Morgens gab sie ihren Töchtern und meiner Schwester immer ein frisches, sauberes Stofftaschentuch und sagte: „Redet nicht so viel“. Mich fragte sie oft: „Erzähl mir von deinem Tag. Was war in der Schule los?“. Ich zuckte mit den Schultern und sagte „nichts“. Ich war schon immer eine Tagträumerin. Vielleicht ist es deshalb so wichtig, dass ich meditiere und mir eine Auszeit gönne, um vom alltäglichen Trubel im Büro abzuschalten.

Doris drückte ihre Liebe durch Backen und Kochen aus. Ihre Kreationen waren voller Zutaten, die ich heute kaum mehr als gesund oder umweltfreundlich bezeichnen würde. Trotzdem sind die Rezepte eine schöne Tradition und ein besonderer Ausdruck von Liebe, der gerne etwas moderner werden darf. Im Designbüro scherzen wir oft über einen „Trendalarm“ – so nennen wir eine neue Silhouette, Farben oder Stoffe, die gerade angesagt sind. Beim Backen und Entwickeln der Rezepte machten Gwen und ich Witze darüber, dass vegane, zuckerfreie Kuchen der nächste „Trendalarm“ sein werden.

Die Welt durch Kinderaugen sehen – dafür brauchen Erwachsene Mut. Im letzten Jahr habe ich meine Erinnerungen wieder aufleben lassen. Meine Neugier leitete mich von meinem kreativen Alltag zwischen Stoffen, Farben und Formen hin zu spielerischen Experimenten mit alternativen getreidefreien Mehlen, nicht raffiniertem Zucker, Kichererbsenwasser als Ei-Ersatz und veganer Sahne. Nicht jeder Versuch war von Erfolg gekrönt, aber meine Tochter Gwen und ich hatten großen Spaß in der Küche.

„Gestern war ich so klug, dass ich die Welt verändern wollte. Heute bin ich weise, also ändere ich mein Selbst.“ Rumi

Sticky Toffee Pudding

1 Nussmus, Zucker, Vanille, Kokosmilch in einem Standmixer auf niedriger Stufe cremig schlagen. Mehl, Backpulver, Sultaninen und Mandeldrink zugeben. Alle mischen, bis ein glatter Teig entsteht.
2 Eine ofenfeste Schüssel mit Backpapier auskleiden. Damit es besser liegen bleibt, knülle ich es vorher ein wenig zusammen und lege es dann möglichst glatt in die Schüssel.
3 Ahornsirup auf den Boden der Schüssel geben. Daraus wird später die Toffee-Sauce.
4 Den Teig hineingießen und mit Backpapier bedecken. Wie bei einem Marmeladenglas mit einem Gummiband fixieren.
5 Einen Topf zum Drittel mit Wasser füllen und die Schüssel hineinstellen. Den Deckel draufsetzen und 1 ½ Stunden kochen lassen.
6 Nach 1 ½ Stunden die Schüssel herausnehmen. Vorsicht, heiß!
7 Den Pudding 5–10 Minuten abkühlen lassen, dann das Backpapier abnehmen und stürzen. Am einfachsten ist es, dazu einen Teller auf die Oberseite der Schüssel zu legen und den Pudding dann umzudrehen.

Ich serviere den Pudding warm, wobei man ihn auch kalt genießen kann. Dazu schmeckt eine vegane Vanillesauce.

Für die Vanillesauce:
Mandeldrink, Ahornsirup, Speisestärke und Vanilleextrakt auf mittlerer Stufe erhitzen, dabei ständig rühren.

* Speisestärke wird aus Mais gewonnen. Deshalb ist das Rezept nicht als getreidefrei gekennzeichnet.

∴ Für 10–12 Personen

Für den Pudding:
— 120 g Haselnussmus
— 100 g Kokosblütenzucker
— 1 TL Vanillepaste
— 70 ml Kokosmilch (aus der Dose)
— 60 g Buchweizenmehl
— 100 g Kichererbsenmehl
— 1 TL Backpulver
— 70 g Sultaninen
— 125 ml Mandeldrink (ohne Zuckerzusatz)
— 4 EL Ahornsirup

Für die Vanillesauce (optional):
— 375 ml lauwarmer Mandeldrink (ohne Zuckerzusatz)
— 80 ml Ahornsirup
— 2 EL Speisestärke*
— ½ TL Vanilleextrakt

Pfirsich-Apfel-Tarte für Tony

Als ich klein war, wusste ich immer, wenn Tante Gaynor und Onkel Tony zu Besuch kamen. Doris backte dann mehrere Tartes, da sie Tonys Lieblingsdessert waren. Dick und mein Vater John machten sich über die „Tartes für Tony“ lustig, manchmal etwas abschätzig. Vielleicht waren sie eifersüchtig auf die Aufmerksamkeit, die ein anderer Mann in der Familie bekam.

Damit der Teig für das traditionelle Aussehen von Doris' Tartes sorgt, sollte man glutenfreies Mehl und das hellere Xylit verwenden. Andere Mehl- und Zuckersorten würden nicht das gleiche Ergebnis erzielen und dunkler aussehen.

▢ Für eine Tarteform (20 cm Durchmesser)
∴ Für 6 Personen

- 250 g glutenfreies Mehl plus etwas für die Arbeitsfläche
- 40 g Xylit
- 100 g vegane Margarine
- ½ TL Salz
- ½ EL Apfelessig
- 2 Zweige Thymian
- 4 Pfirsiche
- ½ Apfel
- 1 EL Ahornsirup
- 2 EL Kokosblütenzucker
- ¼ TL gemahlene Vanille
- 20 g gemahlene Mandeln

1. Den Backofen auf 180 °C Umluft vorheizen.
2. Mehl, Xylit, Margarine und Salz in eine Schüssel geben und mit den Fingern zu Streuseln verarbeiten. Anschließend 60 ml kalte Wasser und den Essig hinzugeben. Gut mischen, bis ein gleichmäßiger Teig entsteht.
3. Den Teig in einem Gefrierbeutel 30 Minuten in den Kühlschrank legen. Für diesen Zweck bewahre ich Einweg-Plastiktüten von Salat, Gemüse und Co. auf. Lieber benutze ich sie mehrmals und vermeide Müll.
4. Die Thymian mit den Fingern von den Zweigen abstreifen. Das Obst in dünne Scheiben schneiden und in einer Mischung aus Ahornsirup, Kokosblütenzucker, Vanille und Thymian tränken.
5. Den Teig aus dem Kühlschrank nehmen und halbieren. Backpapier auf eine glatte Fläche legen und mit glutenfreiem Mehl bestäuben. Ein Teigstück darauf legen und erneut mit Mehl bestreuen.
6. Die Oberseite des Teigs mit zusätzlichem Backpapier abdecken und danach 4–5 mm dick ausrollen, ähnlich der Breite eines Hemdknopfs.
7. Den Teig mit etwa 18 cm Durchmesser auf eine Emailleplatte legen. Mit einem scharfen Messer den überschüssigen Rand abschneiden.
8. Zuerst die gemahlenen Mandeln, dann das Obst auf dem Kuchenboden verteilen. Für eine süße Kruste den Sirup innen auf den Rand geben.
9. Die andere Hälfte des Teigs auf dieselbe Weise ausrollen und damit das Obst bedecken. Überschüssigen Teig vorsichtig abschneiden. Aus den Resten würde Doris ein Blatt oder einen Stern zur Dekoration formen.
10. Auf der mittleren Einschubleiste im vorgeheizten Backofen 50 Minuten backen, bis die Kruste goldbraun ist.
11. Damit die Früchte nicht zu heiß sind, 20 Minuten abkühlen lassen. Dazu serviere ich am liebsten selbstgemachte Kokos-Chia-Sahne (Seite 13).

Milchreis mit Cranberries

Wenn ich früher um 16 Uhr aus der Schule kam, roch es bei uns zu Hause oft nach süßem Milchreis. Doris kochte diesen immer dann, wenn wir zu viel Milch im Haus hatten, die unbedingt aufgebraucht werden musste. Dabei folgte sie stets demselben Rezept. Nur manchmal gab es dazu Rosinen. Wenn ich Glück hatte, wurde auch die restliche Sahne vom Sonntagsessen verwendet, was den Milchreis noch leckerer machte.

▢ Für eine Auflaufform
∴ Für 4 Personen

— 25g getrocknete Cranberries
— 3 EL Chai-Tee oder Rum
— 50 g Rundkornreis
— 200 ml Mandeldrink (ohne Zuckerzusatz)
— 2 EL Dr. Oetker Creme Vega
— 1 EL Erdnussmus
— 1 EL Ahornsirup

1 Die getrockneten Cranberries einige Stunden in Chai-Tee oder Rum einweichen, damit sie im Milchreis saftiger schmecken. Doris hätte hierfür Sherry verwendet, während meine Variante mit Malibu-Rum Erinnerungen an Teenager-Zeiten wach werden lässt.
2 Den Backofen auf 180 °C Umluft vorheizen.
3 Rundkornreis, Mandeldrink, Creme Vega, Cranberries, Erdnussmus und Ahornsirup in eine Auflaufform geben und gut miteinander verrühren.
4 Auf der mittleren Einschubleiste 20 Minuten backen.
5 Warm servieren. Kleiner Tipp: Schnell sein, denn von diesem leckeren Milchreis bleibt garantiert nicht viel übrig.

Milchreis nach Thai-Art

Dieses Rezept erinnert mich und meine Tochter an Thailand und wie wir abends mit Backpacker-Reisenden im Urlaubsresort Kartenspiele spielten.

Der Sesam gibt dem Rezept einen gewissen Biss. Das muss aber nicht bedeuten, dass der Reis noch nicht durch ist. Ich mag die Kombination, aber natürlich ist es kein Muss.

1 Den Backofen auf 180 °C Umluft vorheizen.
2 Die Banane schälen und zerdrücken. Das gibt dem Milchreis eine cremig-süße Note.
3 Alle Zutaten bis auf die Limettenblätter in einer Schüssel mischen.
4 Die Mischung in eine ofenfeste Form geben. Für einzelne Portionen zum Frühstück oder als Snack eignen sich auch Muffinförmchen oder ein Muffinblech. Die Limettenblätter mit den Stielen nach außen darauf legen. So lassen sie sich nachher besser entfernen.
5 Auf der mittleren Einschubleiste im vorgeheizten Backofen 30–35 Minuten backen.

Die kleinen Portionen kann man nach dem Abkühlen einfach zur Arbeit oder in die Schule mitnehmen.

▢ Für eine rechteckige Backform (25×15 cm)
∴ Für 3–4 Personen

— 1 überreife Banane
— 100 g Rundkornreis
— 175 ml Mandeldrink (ohne Zuckerzusatz)
— 60 ml Kokosmilch (aus der Dose)
— 2 EL Rosenwasser
— 2 EL Sesamsamen
— 2 EL Ahornsirup
— 4 Kaffir-Limettenblätter

Gwens gebackener Käsekuchen

1 Den Backofen auf 180 °C Umluft vorheizen.
2 Die Cashewkerne in einem kleinen Topf 5–8 Minuten in Wasser kochen.
3 Das Kokosöl schmelzen und mit den Haferflocken und dem Ahornsirup mischen.
4 Eine Kuchenform an den Seiten ölen und die Mischung hineingießen.
5 Alle Zutaten für den Belag bis auf die abgetropften gekochten Cashewkerne vermischen und auf dem Kuchenboden verteilen.
6 Auf der mittleren Einschubleiste 20 Minuten backen.
7 Während der Käsekuchen backt, das Kompott vorbereiten. Dazu den Rhabarber schälen, in Stücke schneiden und mit allen anderen Zutaten in einem Topf auf mittlerer Stufe 10 Minuten erhitzen, dabei ständig rühren.
8 Ist das Obst weich gekocht, das Kompott und den Kuchenboden etwa 15 Minuten abkühlen lassen.

Das Kompott kann zum Käsekuchen serviert werden. Alternativ den Kuchen damit bestreichen und etwa 1 Stunde im Kühlschrank etwas fester werden lassen, dann kalt servieren.

▢ Für eine kleine Springform (24 cm)
∴ Für 6 Personen

Für den Boden:
— 3 EL Kokosöl plus etwas für die Form
— 150 g Haferflocken
— 3 EL Ahornsirup

Für den Belag:
— 100 g Cashewkerne
— 500 g Sojajoghurt
— ½ TL gemahlene Vanille
— 2 EL Ahornsirup
— 150 g veganer Frischkäse
— 2 EL Maismehl
— abgeriebene Schale von 1 Bio-Zitrone
— Saft von ½ Zitrone

Für das Kompott:
— 5 kleine Rhabarberstangen
— 1 TL Kokosblütenzucker
— ¼ TL gemahlene Vanille
— 2 EL Ahornsirup
— 1 TL Apfelpektin

Winter-Crumble mit Brombeeren und Banane

▢ Für eine Tarteform (22 cm Durchmesser)
∴ Für 6–8 Personen

Für das Marzipan:
— 100 g gemahlene Mandeln
— 4 Datteln

Für den Crumble:
— 125 g Mandeln
— 125 g Pekannüsse
— 125 g Haferflocken
— 6 EL Ahornsirup
— 2 EL geschmolzenes Kokosöl
— 2 EL + 1 Prise Zimtpulver
— 4 reife Bananen
— 200 g Brombeeren
— 1 Handvoll Mandelblättchen

Für das Marzipan:

1 In einem Mixer oder einer Küchenmaschine die Mandeln mit den Datteln mahlen. Das dauert nicht lange. Falls die Datteln nicht weich sind, 1 EL Wasser zugeben, um eine klebrige Konsistenz zu erzielen.
2 Die Mischung 1 Stunde in den Kühlschrank stellen, damit sie sich anschließend besser schneiden lässt.

Für den Crumble:

1 Den Backofen auf 180 °C Umluft vorheizen.
2 Mandeln und Nüsse in einem Mixer oder einer Küchenmaschine auf hoher Stufe 1–2 Minuten zu Mehl verarbeiten.
3 Das Marzipan in ½ cm große Würfel schneiden. Nussmehl und die Haferflocken zugeben. Mit Ahornsirup, Kokosöl und Zimt mischen.
4 Die Bananen schälen, in Streifen schneiden und auf dem Boden einer rechteckigen Backform anordnen. Die Brombeeren darauf verteilen. Für zusätzlichen Geschmack 1 Prise Zimt darüber streuen.
5 Früchte mit dem Crumble bedecken und mit Mandelblättchen dekorieren. Auf der mittleren Einschubleiste vorgeheizten Ofen 20 Minuten backen.

Dazu serviere ich geschlagene Kokos-Chia-Sahne, die über Nacht im Kühlschrank gekühlt wurde.

Fruchtiger Crumble

1 Den Backofen auf 180 °C Umluft vorheizen.
2 Zuerst den Boden vorbereiten. Dazu die Bananen schälen, zerdrücken und mit Ahornsirup, Cashewmus und Kokosöl in einem Topf erhitzen. Auf mittlerer Stufe köcheln lassen und dabei ständig rühren, bis eine glatte Paste entsteht. Darauf achten, dass die Mischung nicht zu heiß wird und blubbert! Vom Herd nehmen und die Haferflocken zugeben.
3 Eine Kuchenform ölen. Meine ist rund mit etwa 15 cm Durchmesser. Die Mischung ½–1 cm dick mit den Händen in die Form drücken, sodass der Boden und die Seiten vollständig bedeckt sind.
4 Erdbeeren waschen, Mango schälen und beides in kleine Scheiben oder Würfel schneiden. Zusammen mit den Limettenblättern auf kleiner Stufe kochen. Sobald alles weich ist und leicht blubbert, die Blätter herausnehmen und die Früchte auf dem Boden verteilen.
5 Für das Topping Mandeln und Pekannüsse in einem Mixer oder einer Küchenmaschine 2 Minuten zerkleinern, bis ein grobes Mehl entsteht. 1 EL Kokosöl erhitzen, den Ahornsirup zugeben und schmelzen. Zuerst das Mandel-Pekannuss-Mehl dazugeben und dann die Haferflocken. Vermischen und auf den Früchten verteilen.
6 Auf der mittleren Einschubleiste 20 Minuten backen.

Ich serviere das Gericht sowohl warm als auch kalt, am liebsten mit selbstgemachter Kokos-Chia-Sahne.

▢ Für eine kleine Tarteform (15 cm)
∴ Für 6 Personen

Für den Boden:
— 2 überreife Bananen
— 4 EL Ahornsirup
— 4 EL Cashewmus
— 2 EL Kokosöl plus etwas für die Form
— 160 g Haferflocken

Für die Füllung:
— 4–5 Erdbeeren
— ½ reife Mango
— 4 Limettenblätter

Für das Topping:
— 60 g gemahlene Mandeln
— 60 g Pekannüsse
— 2 TL Kokosöl
— 2 EL Ahornsirup
— 60 g Haferflocken

el (Eutoxeres aquila). — 2. Chimborazovogel
lus). — 7. Flaggensylphe (Steganurus
6. Aufl.

Weihnachtszauber

Saisonale Traditionen
Festliche Rezepte

Einer von Doris' handgestrickten Pullovern, den sie mir schenkte. Mittelwales, ca. 1986.

Im White House war am letzten Sonntag im November „Stir-up Sunday", ein Brauch kurz vor der Adventszeit.

Doris und meine Mutter Maureen begannen dann mit den Weihnachtsvorbereitungen. Erst wurde der traditionelle Sonntagsbraten serviert, danach ging es los. Meiner Erinnerung nach bereitete Doris jede Woche zunächst Abendessen und Nachtisch zu, dann besuchten wir gemeinsam den vormittäglichen Gottesdienst. Die Dorfkirche war nur wenige Gehminuten vom White House entfernt und in Sichtweite von Doris' Küche. Beim Kochen, Backen oder Stricken hatte sie also immer alles im Blick. Jeden Sonntag ging Dick früh morgens los, um die Kirchenglocken zu läuten. Manchmal war Doris an seiner Seite, sofern sie an dem Tag für das Orgelspiel zuständig war. Zum Mittagessen kamen sie nach Hause zurück. Mein Großvater saß immer als erster am Tisch, voller Vorfreude auf sein Lieblingsessen. Wir machten oft Witze über sein „spezielles Gehör", weil er immer als erstes mitbekam, wenn jemand den Tisch deckte. Essen spielt eben eine große Rolle in unserer Familie. Wir scherzten, dass es sein Geheimnis war, um glücklich mit vier Frauen zusammenleben zu können.

Am „Stir-up Sunday" bereitete Doris außerdem den Weihnachtskuchen und Christmas Pudding vor. Letzteres liebte sie, am besten mit viel cremiger Brandy-Sauce. Damals stach sie mit einer Stricknadel in den Pudding, um zu sehen, ob er fertig ist. Es sah lustig aus und doch hatte ich Sorge, dass der Pullover, den sie mir jedes Jahr zu Weihnachten strickte, klebrige Ärmel haben würde. In der Adventszeit skizzierte ich neue Formen oder Trends, die ich während meines Wochenendjobs bei Harvey Nichols gesehen hatte. Doris Aufgabe war es, meine Ideen umzusetzen.

Wenn der Christmas Pudding fertig war, wurde er bis Weihnachten aufbewahrt. Doris kochte immer ein paar zusätzliche Portionen, die sie an Familie und Freunde verschenkte. Bis Heiligabend wurde sich jeden Sonntagnachmittag um die Dekoration gekümmert. Als erstes kam die Marzipanschicht und dann die Glasur. Am vierten Advent durfte endlich dekoriert werden. Als Kind hielt ich mich an Doris' Vorgaben: rote und goldene Borten aus Lametta. Während meines Studiums zauberte ich aus dem Zuckerguss einmal eine Schneelandschaft mit Hügeln und Tälern. Das Ganze war eine Hommage an ein Gemälde von Van Gogh. Auf mein künstlerisches Werk war ich ziemlich stolz, bis Doris beschloss, einen Schneemann aus Plastik in die Mitte zu stechen. Meine Vision eines minimalistischen Avantgarde-Kuchens war sofort zerstört. Die Vorweihnachtszeit war immer aufregend. Nicht nur, weil es Kuchen gab, sondern auch zahlreiche Bräuche zu Hause und in der Kirche. Je älter ich wurde, desto weniger wollte ich mich jedoch daran erinnern. Es erschien mir nicht modisch genug. Wir nutzten die Zeit damals auch, um uns auf den Besuch von Tante Gaynor und Onkel Anthony vorzubereiten. Bunt und schrill – das war ihr Motto für die Festtage, für die sich beide immer besonders herausputzten.

Damals stach sie mit einer Stricknadel in den Pudding, um zu sehen, ob er fertig ist.

In den frühen 80er-Jahren ging Gaynor auf Deutschland-Tour mit der Rock'n'Roll-Sängerin Suzi Quatro. Gaynor war stolz darauf, dass ihr deshalb viele lesbische Groupies folgten. Ihr Mann Anthony schrieb zahlreiche Popsongs, für die er einige Goldene Schallplatten gewann. Ihr Besuch war von schicken Autos und großartigen Outfits gekennzeichnet: schimmernde Leggings, Hemden aus Seide sowie Westen und Kleider von Zandra Rhodes. Die Haare meiner Tante erinnerten an einen Sonnenuntergang in Rot mit blonden Spitzen. Ich habe es geliebt! Dick und Doris schien das exotische

Die Haare meiner Tante
erinnerten an einen
Sonnenuntergang in Rot mit
blonden Spitzen.
Ich habe es geliebt!

Meine Tante Gaynor Sadler in den Logorhythm Music Studios
in der Lexington Street in Soho. London, 1984.

Die Inhaber und Geschäftsführer von Closed (v.l.n.r.): Hans Redlefsen, Til Nadler
und Gordon Giers bei ihrer Ansprache zur Weihnachtsfeier. Hamburg, 2018.

Aussehen ihrer jüngsten Tochter wenig zu beeindrucken. Über die Jahre brachten meine Tante und mein Onkel viele Gäste zu uns in Haus. Überwiegend waren es bekannte Menschen aus der Londoner Musikszene, die von Doris' köstlichen Kuchen und Gebäck nicht genug kriegen konnten. Die Weihnachtszeit war geprägt von gutem Essen, Gesprächen und Spielen. Wir liebten Scrabble. Allerdings glaube ich auch, dass mein Onkel (das Genie in unserer Familie) damit meine Rechtschreibkenntnisse verbessern wollte. Das besondere Gefühl während dieser Zeit damals habe ich

Wir tanzen, haben Spaß und zelebrieren jedes Jahr gemeinsam wie eine Familie.

während der letzten 20 Jahre aufrechterhalten können. Weihnachten feiern wir heute genauso wie damals im White House. Im Design Department werden zwar keine Christmas Puddings gekocht, dafür ist die Aufregung dieselbe.

Zum „Stir-up Sunday" in der letzten Novemberwoche verschicken wir Einladungen für unsere Weihnachtsparty. Dazu gibt es immer ein bestimmtes Motto. Die Feierlichkeiten sind ein Highlight für alle Mitarbeiter*innen bei Closed. In der Vergangenheit waren unsere Themen Casino, Hamburger Reeperbahn, Superhelden, Hochzeiten und Prominente. Wir tanzen, haben Spaß und zelebrieren jedes Jahr gemeinsam wie eine Familie. Studio 54 war unser verrücktestes Motto. Manche von uns kamen sogar mit Rollschuhen zur Party – es war ein Fest für die Sinne. Bis die Themen bekannt gegeben werden, bleiben sie immer ein großes Geheimnis. Sobald alle Bescheid wissen, planen wir unsere Outfits als Gruppe oder alleine. Die Vorfreude im Büro ist riesig. Um unsere Ideen zum Leben zu erwecken, bedienen wir uns am umfangreichen Archiv, das jahrelange Recherchen zu Vintage-Kleidung beinhaltet. Bei unserer Weihnachtsfeier halten unsere Geschäftsführer eine Rede, die immer von Herzen kommt und eine Inspiration für das kommende Jahr darstellt. Der Erfolg von Closed hat viel mit Zusammengehörigkeit zu tun, die mit der Ansprache vermittelt wird. In vielerlei Hinsicht ist mein Team wie eine Familie für mich. Wir verbringen fünf Tage die Woche acht Stunden miteinander, und das nun schon seit zwei Jahrzehnten. Das ist eine ziemlich lange Zeit und ehrlich gesagt sogar mehr, als ich damals mit meiner Großmutter Doris verbracht habe.

Natürlich ist das nicht alles: Zwei Wochen nach der Weihnachtsparty und bevor sich alle in den Urlaub verabschieden, hat das Design Department noch viel mit der Frühjahrskollektion zu tun. Die Stimmung ist wie immer zu dieser Zeit großartig. Wir machen Witze darüber, wie wir das Tanzbein schwingen lassen und freuen uns auf den letzten Arbeitstag. Dieser hat im Design-Team meist ein Thema, vom „Komischer-Pullover-Tag“ über den “Glitzer-Tag” bis hin zum „Ugly Christmas Sweater-Tag“ und „Verrückte-Hosen-Tag“. Das Atelier ist ein großer, offener Arbeitsbereich in unmittelbarer Nähe zu den Büros der Geschäftsführer. Am „Glitzer-Tag“ haben wir uns davon nicht beirren lassen. Alle Designer kamen morgens ins Büro und hätten bei einem entsprechenden Casting glatt als Elvis Presley-Double durchgehen können. Unsere Outfits schimmerten voller Pailletten. Dazu trugen wir silber- und goldfarbene Perücken. Ein Designer hatte sich sogar selbst mit einer Lichterkette dekoriert. Was wir nicht wussten: Die Geschäftsführer hatten an diesem Tag ein Meeting mit einer Gruppe wichtiger Banker. Ups! Sie waren zu fünft und kamen im feinen Zwirn ins Büro – ihre Gesichtsausdrücke werde ich nie vergessen. Seitdem wurden wir gebeten, die Chefetage stets vorab über alle „außergewöhnlichen“ Tage zu informieren. Die Banker müssen damals dasselbe gedacht haben wie ich von meiner Tante, die mich bei ihrer Ankunft regelmäßig in einen Farbrausch versetzte. Ein bisschen Gold und Silber, ein bisschen Glitzer Glitzer – vielleicht wäre das der perfekte neue Arbeitslook für die schicken Herren. Fehlt nur noch die Lichterkette.

Die Weihnachtsparty von Closed. Hamburg, 2018.

Weihnachtliche Schoko-Biskuitrolle

Weihnachten 2020 war anders; eine Mischung aus ruhigen Tagen, lesen, kochen und Nachdenken über die schwierigen Zeiten, in denen wir uns befanden. An Heiligabend entschied ich, aus einem meiner Lieblingsrezepte einen typischen englischen Christmas Cake zu zaubern. Für den Schokoladenkuchen verwende ich das Grundrezept der Brownies.

1 Den Backofen auf 180 °C Umluft vorheizen.
2 In einem Standmixer die Kokosmilch auf niedriger Stufe 4–5 Minuten verquirlen. Die Bananen schälen, zerdrücken und dazugeben. Weitere 2 Minuten mischen, bis eine glatte, cremige Paste entsteht.
3 Alle anderen Zutaten zusammen in einer Rührschüssel vermengen. Die Kokos-Bananen-Creme zugeben und 5 Minuten gut verrühren.
4 Mein Backblech lässt sich in der Größe verstellen. Alternativ kann man auch etwas Alufolie zur Hand nehmen, einrollen und damit ein 24×30 cm großes Rechteck formen. Dieses mit Backpapier auslegen. Die Mischung auf das Blech gießen und mit einem Teigspatel glattstreichen.
5 Auf der mittleren Einschubleiste im vorgeheizten Ofen 30–35 Minuten backen. Danach mit einem Holzstäbchen in die dickste Stelle des Teigs stechen. Ist das Stäbchen so gut wie sauber, ist der Kuchen fertig. Er darf innen ein bisschen feucht sein, damit er saftig schmeckt. Zu viel Teig sollte jedoch nicht am Holzstäbchen kleben.
6 Nach dem Abkühlen die Ränder abschneiden, sodass ein schönes Rechteck entsteht.
7 Für die Ganache die Kokosmilch mit dem Kakaopulver mischen und auf niedriger Stufe erhitzen, bis eine glatte Masse entsteht.
8 3–4 EL der Ganache den Biskuitboden streichen. Dann von der Längsseite her mithilfe des Backpapiers aufrollen. Damit der Kuchen nicht bricht, empfehle ich, dies ganz langsam zu machen. Mit dem Holzstäbchen die Biskuitrolle zusammenhalten.
9 Den Kuchen gleichmäßig mit der Ganach bestreichen. Wer mag, kann dabei Wellen formen, die wie ein Baumstamm aussehen.

Dekorationstipp:
Stechpalmenblätter oder zurechtgeschnittene Lorbeerblätter in geschmolzene vegane Schokolade tauchen. Alternativ eignen sich auch Beeren. Ich habe beides verwendet, um dem Kuchen ein festliches Finish zu verleihen.

□ Für ein Backblech
∴ Für 8–10 Personen

Für den Kuchen:
— 400 ml Kokosmilch (aus der Dose)
— 2 überreife Bananen
— 70 g ungesüßtes Kakaopulver
— 125 g Buchweizenmehl
— 100 g gemahlene Pistazien oder Mandeln
— 165 g Kokosblütenzucker
— 2 EL Backpulver
— ¼ TL gemahlene Vanille oder Vanillepaste
— 10 g Mohnsamen
— 25 g Kakaonibs

Für die Ganache:
— 400 ml Kokosmilch (aus der Dose)
— 50–80 g ungesüßtes Kakaopulver, je nachdem, wie dunkel die Ganache werden soll

Schottischer Weihnachtskuchen

Ich war noch nie in Dundee, aber diesen Weihnachtskuchen mag ich sehr gerne. Das Rezept erinnert mich an den britischen Klassiker. Etwas ähnliches gab es bei uns zu festlichen Anlässen mit Zuckerguss.

▢ Für eine kleine Springform (15 cm Durchmesser)

∴ Für 6 Personen

- 200 g Dr. Oetker Creme Vega
- 85 g Kokosblütenzucker
- 4 EL Kichererbsenwasser (Aquafaba)
- 65 g gehackte Mandeln
- 65 g Kichererbsenmehl
- 125 g Mandelmehl
- 125 g Buchweizenmehl
- 1 Bio-Zitrone
- 2 EL Sauerkirschen (aus dem Glas)
- 1 EL Saft der eingelegten Sauerkirschen
- 250 ml Mandeldrink (ohne Zuckerzusatz)
- 4 EL Kokosjoghurt
- 65 g getrocknete Cranberries
- 65 g kandierte Orangenschale
- 65 g Zitronat oder kandierte Limettenschale
- 20–25 ganze geschälte Mandeln

1. Den Backofen auf 180 °C Umluft vorheizen.
2. In einem Standmixer die Creme Vega mit dem Kokosblütenzucker cremig verquirlen.
3. Das Aquafaba in einer zweiten Schüssel im Standmixer auf hoher Stufe verquirlen. Die fluffig-leichte Textur ähnelt der von geschlagenem Eiweiß. Zuerst die Creme Vega mit dem Kokosblütenzucker, dann die Mandeln dazugeben.
4. Mit dem Mehl mischen, bis eine Paste entsteht. Danach die Zitrone auspressen und den Saft mit Sauerkirschen, Kirschsaft, Mandeldrink, Kokosjoghurt, Cranberries und kandierten Zitrusfrüchten zum Teig geben. Alles mit einem Löffel verrühren. Dabei vorsichtig sein, damit die Kirschen nicht matschig werden. Man kann die kandierten Zitrusfrüchte auch weglassen, wenn man auf den raffinierten Zucker verzichten möchte.
5. Die Mischung in eine Kuchenform geben. Ich verwende für dieses Rezept eine mit etwa 15 cm Durchmesser. Die Oberseite des Kuchens mit Mandeln dekorieren, dann auf die mittlere Einschubleiste im den Backofen schieben.
6. Im vorgeheizten Ofen 45 Minuten backen.

Keep smiling

Dresdner Christstollen

Im November 2020 war die Vorfreude auf Weihnachten groß. Zu diesem Zeitpunkt befanden wir uns im „light" Lockdown. Die Schulen und Geschäfte waren noch geöffnet, dafür gab es keinerlei soziale Veranstaltungen. Gwenifer und ich fragten uns währenddessen, ob es nicht toll wäre, einen veganen Sauerteig-Stollen ohne raffinierten Zucker zu kreieren. Gesagt, getan: Wir verbrachten viele Abende damit, verschiedene Varianten auszuprobieren. Das Ergebnis ist dieser Klassiker auf vegane Art.

Für das Rezept ohne raffinierten Zucker, der für die kandierten Früchte benötigt wird, gibt es auf der nächsten Seite einige Anpassungen.

Nach deutscher Tradition gebe ich auf den fertigen Stollen etwas geschmolzene Butter und Puderzucker. Das ist aber kein Muss. Den Stollen habe ich zum Advent an Freunde verschenkt, und sie waren ganz begeistert.

1 Trockenfrüchte, kandierte Zitrusschalen, abgeriebene Zitronenschale, Vanille und Mandelblättchen in einer Schüssel mischen. Wahlweise Rum oder Chai-Tee hinzugeben und über Nacht einweichen.
2 Mehl in eine Rührschüssel geben, in der Mitte eine Kuhle formen. Sauerteigansatz, Kokosblütenzucker, Mandeldrink und Salz hinzugeben.
3 Die Kokosmilch am Rand auf dem Mehl verteilen, nicht in der Mitte. Mit den Fingern das Mehl von außen über die Milch und zur Mitte verteilen. Das ist zwar eine ziemlich matschige Angelegenheit, aber für das Ergebnis lohnt es sich. Den Teig kneten, bis alle Zutaten gut vermischt sind. Die Schüssel abdecken und an einem warmen Ort oder in der Nähe einer Heizung über Nacht gehen lassen.
4 Am nächsten Morgen die eingeweichten Zitrusfrüchte zugeben, mischen und erneut 4–8 Stunden ruhen lassen.
5 Eine Arbeitsfläche bemehlen, den Teig flach darauf legen und zu einem Rechteck formen. Die Oberseite erneut mit Mehl bestäuben und beide Längsseiten zur Mitte falten. So entsteht der für den Stollen typische Schlitz, ähnlich wie beim Brot.
6 Ein Backblech mit Backpapier auslegen. Den Stollen vorsicht darauflegen, damit er seine Form behält. Mit Mehl bestäuben, abdecken und circa 10–20 Minuten ruhen lassen. Währenddessen den Backofen auf 175 °C Umluft vorheizen.
7 Stollen auf der mittleren Einschubleiste 35 Minuten backen. Ob der Stollen fertig ist, erkennt man mit derselben Technik, die ich beim Brotbacken nutze: hochheben und klopfen. Klingt es hohl, ist der Stollen durchgebacken. Falls nicht und der Teig ist noch sehr weich, weitere 5–10 Minuten backen.

▢ Für ein Backblech
∴ Für 1 Stollen

— 100 g Rosinen
— 50 g Korinthen
— 50 g kandierte Zitronenschalen
— 50 g kandierte Orangenschale
— abgeriebene Schale von 1 Bio-Zitrone
— ¼ TL Vanillepaste oder gemahlene Vanille
— 100 g Mandelblättchen
— 3 EL Rum oder Chai-Tee
— 250 g Weizenmehl plus etwas für die Arbeitsfläche
— 3 gehäufter EL Sauerteigansatz
— 75 g Kokosblütenzucker
— ¼ l lauwarmer Mandeldrink (ohne Zuckerzusatz)
— 1 Prise Salz
— 75 ml Kokosmilch (aus der Dose)

ORANGENSTOLLEN OHNE KANDIERTE FRÜCHTE
Variation

Das Grundrezept von der vorherigen Seite folgendermaßen abwandeln: Statt der kandierten Zitronen- und Orangenschale den Saft einer Bio-Orange und deren geriebene Schale verwenden. Beides mit den Korinthen, Rosinen und Mandeln aus dem Originalrezept über Nacht in Rum oder Chai-Tee einweichen. Zu den trockenen Zutaten 2 EL Mohn, 2 TL Kardamom und 1 TL gemahlenen Zimt hinzufügen.

Christmas Pudding

Ein sehr einfaches Rezept nach Doris' Favorit.

1 Alle Zutaten gut vermischen und in eine hitzebeständige Schüssel aus Edelstahl oder Keramik geben.
2 Die Schüssel mit Backpapier abdecken und mit einer Schnur fixieren. Dazu braucht man eine helfende Hand. Gwen und ich standen uns hierfür zur Seite. Wenn man alleine ist, nimmt man statt der Schnur ein großes Gummiband. Damit ist es etwas einfacher.
3 Die Schüssel in einen Topf mit kochendem Wasser stellen. Das Wasser sollte nicht bis zum Rand reichen. Während des Kochens alle 30 Minuten Wasser nachgießen.
4 2 Stunden kochen.
5 Die Schüssel herausnehmen und bis Weihnachten an einem kühlen, dunklen Ort lagern. Je länger der Christmas Pudding zieht, desto intensiver ist der Geschmack. Übrigens hält er sich bis zu 2 Jahre – unglaublich, aber wahr!

▢ Für eine kleine Schüssel (15 cm Durchmesser) oder eine Christmas-Pudding-Form
∴ Für 8–10 Personen

— 225 g Buchweizenmehl
— 150 g Kokosblütenzucker
— 150 g Dr. Oetker Creme Vega
— ½ TL gemahlener Ingwer
— ½ TL Zimtpulver
— 1 Prise Salz
— 120 g getrocknete Cranberries
— 120 g Rosinen
— 120 g Korinthen
— 55 g kandierte Orangenschale
— 60 g Sauerkirschen (aus dem Glas), abgetropft und abgespült
— 60 g gehackte Mandeln
— 1 TL Ahornsirup
— 1 EL Sherry (optional)
— 150 ml Mandeldrink (ohne Zuckerzusatz)

Weihnachtsplätzchen mit Ingwer

Die Dekoration des Weihnachtsbaums ist Familiensache. Gwenifer und ich wählen ein Datum, an dem wir die Farbe für die Dekoration festlegen: Gold, Bronze oder Pink. Dazu backen wir voller Freude diese Plätzchen, die wir anschließend gemeinsam an den Baum hängen.

1 Den Backofen auf 180 °C Umluft vorheizen.
2 Die Pekannüsse mit den gemahlenen Mandeln in einem Standmixer zerkleinern. Die restlichen Zutaten zugeben und gut vermischen.
3 Den Teig in einem Gefrierbeutel 2–3 Stunden im Kühlschrank ruhen lassen. Um Müll zu reduzieren, kann man dazu wiederverwendbare Beutel von Gemüse, Salat und Co. nutzen.
4 Eine Arbeitsfläche mit Buchweizen- oder Reismehl einstäuben. Den Teig darauf ausrollen, sodass nichts kleben bleibt.
5 Plätzchen ausstechen und mit einem wiederverwendbaren Strohhalm Löcher in den Teig stechen. Durch diese zieht man später das Band zum Aufhängen am Weihnachtsbaum.
6 Die Plätzchen auf der mittleren Einschubleiste im vorgeheizten Backofen 18–20 Minuten goldbraun backen.
7 Nach dem Abkühlen ein Band durch das Loch ziehen. Et voilà, fertig ist eine wunderschöne Dekoration für den Weihnachtsbaum.

∴ Für 10–20 Kekse, je nach Größe der Ausstechförmchen

— 130 g Pekannüsse
— 100 g gemahlene Mandeln
— 220 g Buchweizenmehl plus etwas für die Arbeitsfläche
— 100 ml Ahornsirup
— 2 TL Kokosöl
— 2 cm Ingwer
— 1 TL Piment
— ½ TL gemahlener Kardamom

Doris würde sagen: „Setz den Kessel auf, Liebes“. Rechte Seite: Leere Teller. Doris sagte immer: „Sei ein braves Mädchen und iss auf“.

Gwenifer Lewis, meine Tochter und Doris Urenkelin. Zusammen haben wir Doris Kuchen an die moderne Welt angepasst. Hamburg, 2021.

EINE CHANCE, ZU HINTERFRAGEN

Die Idee für dieses Kochbuch beruhte zunächst ausschließlich auf Rezepten.

Freunde und Kollegen fragten mich oft danach, sodass ich Wochenenden damit verbrachte, E-Mails zu tippen. Dabei dachte ich, dass sich vielleicht noch mehr Menschen dafür interessieren könnten. Während ich vom Essen, Kochen und über Traditionen schrieb, wurden meine Kindheitserinnerungen wach. Mir wurde bewusst, wie viel Ähnlichkeiten meine Heimat mit dem Unternehmen aufweist, für das ich heute arbeite. Ich erkannte, dass Zuhause kein Ort ist, sondern ein unbeschreibliches Gefühl.

Kürzlich nahm ich an einem Kurs über die Grundlehren des Buddhismus teil. Im Fokus stand der Gedanke, dass unbeständige Dinge ein Grund für Unzufriedenheit sein können. Veränderung zu verstehen und zu akzeptieren bedeutet, wir können ein Gefühl der Freiheit erlangen. Das brachte mich dazu, einen Vergleich zwischen meiner jahrelangen Erfahrung in der Modeindustrie und meiner persönlichen Verbindung zu Kuchen, Gebäck und Brot zu ziehen. Seit über 20 Jahren arbeite ich in einer Branche, in der *Wandel* groß geschrieben wird. Die Modewelt strebt danach, immer etwas Neues zu erschaffen. Es ist ihre Essenz und das, was sie dynamisch macht. Als Designer*in muss man ein Gefühl dafür haben, Veränderung zu erkennen und zu zelebrieren. Es geht darum, die Gesellschaft mit Neugier zu beobachten, feinsinnig auf subkulturelle Strömungen zu reagieren, dann Parallelen zu früheren Trends zu ziehen und sie mit einem modernen Dreh wieder aufleben zu lassen. So schafft man einen Dialog.

Während ich meine Rezepte für dieses Buch schrieb, fragte ich mich, ob dasselbe für meine Beziehung zu Essen gelte. War ich beim Kochen genauso kreativ, wie wenn ich Mode entwarf? Ich dachte darüber nach, mich selbst als eine Kuchen-Designerin zu beschreiben, die traditionelle Rezepte des frühen 20. Jahrhunderts modernisierte.

So sehr ich meinen Job in der Modebranche liebe, die harte Arbeit hat ihren Preis. Wissenschaftlicher untersuchen nun die Auswirkungen von Stress auf unseren Körper. Die Folge sind Adrenalinschübe, die im Wesentlich als Schutzmechanismus dienen sollen. Der Impuls überträgt dann Energie an verschiedene Bereiche unseres Körpers, wie etwa in die Beine oder Hände. Diese Reflexe waren nur für einen kurze Zeitspanne gedacht, sind heutzutage aber fast dauerhaft vorhanden. Die Energie unseres Körpers verteilt sich um von der Mitte (der Magen) nach außen hin zu unseren Extremitäten. Ist das der Grund, weshalb mir manche Lebensmittel nicht gut tun? Fehlt mir Energie, um ordentlich zu verdauen? Konnte mein Großvater deshalb essen, was er wollte, ohne dass es sich auf seine Gesundheit auswirkte? Weder weiß ich auf darauf die richtigen Antworten, noch würde ich behaupten, unseren Körper und Geist eindringlich zu verstehen. Dennoch denke ich oft über die Zusammenhänge nach.

Auf die Süßigkeiten aus meiner Kindheit würde ich heute verzichten. Falls ich doch zugreife, werde ich müde, fühle mich unwohl und erschöpft. In diesem Kochbuch möchte ich die Leckereien von damals neu interpretieren – mit Zutaten, die mich lebendig und dankbar für die schönen Erinnerungen fühlen lassen. Für unsere Gesellschaft war 2020 ein Wendepunkt. Die Pandemie hat uns dazu gezwungen, unser Leben in sämtlichen Bereich zu überdenken. Plötzlich war nichts mehr so, wie es war. Sich zu isolieren und Abstand zu gewinnen, war eine einmalige Chance, die Werte meiner Großeltern in ein neues Licht zu rücken. Die Art und Weise, wie sie ihre Liebe zeigten, durch ihre Kreationen und eine einfache, aber tiefgründige Lebensweise. Was ich beim Schreiben dieses Buches und durch meine Erinnerungen gelernt habe ist, wie schön das Leben sein kann, sofern man gibt und respektiert, so wie sie es taten.

Doris... ich hoffe, dir hätten meine Kuchen genauso gut geschmeckt wie deine eigenen.

Mit diesem Buch möchte ich Familie, Freunde und Kollegen Danke sagen die sich liebevoll um mich gekümmert haben und mich inspirieren. Dieses Buch widme ich auch meinen Großeltern Doris und Dick, die mit ihrem persönlichen Rat zu meinem Werdegang beigetragen haben. Es ist außerdem für meine Freunde, die mich immer unterstützen, und Nachbarn, die meine Kuchen stets probieren.

Aus der Freude, Liebe und Inspiration in meinem Leben schöpfe ich die Kraft, zu schaffen, zu geben und zu respektieren. Bei Closed zu arbeiten ist wie Teil einer Familie mit denselben Visionen, Werten und Engagements zu sein. Indem wir unsere Ernährung und unser Leben umstellen, können wir einen positiven Einfluss auf die Welt um uns herum haben.

„Wir sind nur ein Spiegel der Welt. Alles, was wir in der äußeren Welt sehen, finden sich in unserem Inneren wieder. Wenn wir uns selbst ändern könnten, würde sich auch die Welt ändern. Sei du selbst die Veränderungen, die du woanders sehen willst. Dies ist das höchste göttliche Geheimnis und der Ursprung unseres Glücks. Wir brauchen nicht darauf zu warten, was andere tun.“ Mahatma Gandhi

Viel Spaß beim Backen!

Meine Großeltern Dick und Doris an ihrem Hochzeitstag.
New Mills, Mittelwales, 4. April 1942.

Passend zu den Themen in diesem Buch möchte ich weiterführende Lektüre vorschlagen. Beschäftigt habe ich mich unter anderem mit Veganismus, Umweltschutz, dem Zusammenhang zwischen Körper und Geist sowie alternativer Gesundheitsforschung. Dies ist nur ein Auszug, aber diese Bücher können weitere Informationen und Anregungen liefern.

— Anthony William: Mediale Medizin. Der wahre Ursprung von Krankheit und Heilung, Arkana 2016
— Bruce Lipton: Intelligente Zellen. Wie Erfahrungen unsere Gene steuern, KOHA 2016
— Deepak Chopra: Metahuman. Das Erwachen eines neuen Bewusstseins, Irisiana 2020
— Eckhart Tolle: Die Einheit allen Lebens. Inspirierende Texte aus „Eine neue Erde", Arkana 2010
— Eckhart Tolle: Eine neue Erde. Bewusstseinssprung anstelle von Selbstzerstörung, Arkana 2015
— Jonathan Safran Foer: Wir sind das Klima. Wie wir unseren Planeten schon beim Frühstück retten können, Kiepenheuer & Witsch 2019
— Lily Cole: Who Cares Wins. Reasons for Optimism in Our Changing World, Penguin Life 2020
— Rumi: The Big Red Book. The Great Masterpiece Celebrating Mystical Love and Friendship, HarperOne 2011
— Sadhguru: Die Weisheit eines Yogi. Wie innere Veränderung wirklich möglich ist, O.W. Barth 2017
— T. Colin Campbell, Thomas M. Campbell: China Study. Pflanzenbasierte Ernährung und ihre wissenschaftliche Begründung, Verlag Systemische Medizin 2017

FREI VON GETREIDE

FREI VON RAFFINIERTEM ZUCKER

FREI VON GETREIDE UND RAFFINIERTEM ZUCKER

Mode in Kuchen und Kuchen in Mode bringen

Seit mehr als 20 Jahren ist Sophia Lewis als Designerin für das in Hamburg ansässige Label Closed tätig. Nach ihrem Masterabschluss in Mode an der renommierten Hochschule Central Saint Martins zog die gebürtige Waliserin 1998 für eine Stelle im Atelier bei Jil Sander nach Deutschland.

Sophias reduzierte Ernährungsweise ist Ausdruck ihres Interesses an Wellness, aber auch ein Sinnbild für ihre umweltbewusste Lebenseinstellung. Sie verzichtet heute weitestgehend auf Fleisch, Milchprodukte, Eier, Getreide und raffinierten Zucker.

Im Jahr 2020 begann die Designerin, die traditionellen Backrezepte ihrer Großmutter Doris für Kuchen, Pudding und Brot zu modernisieren. Gemeinsam mit ihrer Tochter Gwenifer verlieh sie walisischen Klassikern ein veganes, zucker- und teils getreidefreies Update. *Dear Doris* bringt Mode in Kuchen und Kuchen in Mode. Für Sophia ist dieses Kochbuch eine Herzensangelegenheit mit dem ehrlichen Wunsch, wertvolle Alternativen zu bieten, die das Backen zelebrieren und gleichzeitig unseren ökologischen Fußabdruck reduzieren.

Das bin ich, von meiner Freundin Gaby Schütze fotografiert. Hamburg, 2019.

ZUR AUTORIN

Sophia Lewis ist seit mehr als 20 Jahren als Designerin für das in Hamburg ansässige Mode-Unternehmen Closed tätig. Nach ihrem Masterabschluss in Mode zog die gebürtige Waliserinfür eine Stelle bei Jil Sander nach Deutschland. Sophias gesunde Ernährungsweise ist Ausdruck ihres Interesses an Wellness, aber auch ein Sinnbild für ihre umweltbewusste Lebenseinstellung. Sie verzichtet weitestgehend auf Fleisch, Milchprodukte, Eier, Getreide und raffinierten Zucker. Im Jahr 2020 begann sie, die traditionellen Backrezepte ihrer Großmutter Doris für Kuchen, Pudding und Brot zu modernisieren. Gemeinsam mit ihrer Tochter Gwenifer verlieh sie den walisischen Familien-Klassikern ein veganes, zucker- und getreidefreies Update. Das Buch „Dear Doris" ist mehr als ein Backbuch, es ist eine Herzensangelegenheit für die Autorin mit dem Wunsch, das Backen zu zelebrieren und gleichzeitig unseren ökologischen Fußabdruck zu reduzieren.

@dear_doris_official

IMPRESSUM

Hinter jedem tollen Buch steckt ein starkes Team

Texte: *Sophia Lewis*
Übersetzung: *Katharina Hogenkamp*
Gastbeiträge: *Susanna Nadler*
Lektorat: *Harriet Welch, Bettina Snowdon*
Art-Direction: *Jana Neff*
Grafische Gestaltung: *Jūratė Gačionytė*
Fotografie: *Maria Grossmann*
Foto-Assistenz: *Janet Hesse*
Foodstyling: *Lukas Grossmann*
Foodstyling-Assistenz: *Gwenifer Lewis*
Herstellung: *Frank Jansen*
Producing: *Jan Russok*
Druck & Bindung: *Optimal media GmbH, Röbel*

1. Auflage 2021

Kaiserstraße 14 b
D-80801 München
ISBN: 978-3-96584-208-3

BILDNACHWEIS

Alle Fotos: Maria Grossmann, außer:
S.186 & S. 189: Alexandra Kern; S.206: Sarah Kühl (Fotografie), Carolin Jarchow (Hair & Makeup Artist); S.215: Gaby Schütze; Archiv-Fotos: The Lewis, Tanner and Sandler family

FOOD FOTOS

Im Buch enthaltene Fotos können zur eigenen Nutzung erworben werden unter ***www.stockfood.de***

LIEBE LESER*INNEN

wie schön, dass Sie ein Buch von ZS in den Händen halten. „jetzt leben!“ ist das Motto unseres Verlages. Es steht für Genuss und Inspiration, Unterstützung und Motivation. Ob Kulinarik oder Fitness, Gesundheit oder Lebenshilfe – seit über 30 Jahren bieten wir kompetente Ratgeber für (fast) alle Lebenslagen. Wir lieben Tradition genauso wie Innovation – sie treiben uns an. Unsere Autor*innen sind Menschen, die zu ihrem Thema wirklich etwas zu sagen und zu schreiben haben. Unsere Produkte sind erzählerisch, appetitmachend und als gedruckte Bücher haptisch echte Erlebnisse. Für Sie mit ganz viel Liebe gemacht! Entdecken Sie mehr aus unserer wunderbaren Welt!

UNSER VERLAGSHAUS

Mit Standorten in München, Hamburg und Berlin zählt die Edel Verlagsgruppe zu den größten unabhängigen Buchanbietern Deutschlands. Zur Edel Verlagsgruppe gehört unter anderem ZS mit seinen Lizenzmarken Dr. Oetker Verlag, Kochen & Genießen und Phaidon by ZS.

ZS - Ein Verlag der Edel Verlagsgruppe
www.zsverlag.de
www.facebook.com/zsverlag
www.instagram.com/zsverlag

FÜR DIE UMWELT

ZS unterstützt bei der Produktion dieses Buches das Projekt „Junge Riesen für die nächsten 100 Jahre“ im Naturpark Nossentiner/Schwinzer Heide. Damit wird ein Anteil der unvermeidbaren CO_2-Emissionen im direkten Umfeld des Produktionsstandortes kompensiert.

PARTNER
Naturpark Nossentiner / Schwinzer Heide
www.optimal-media.com/naturschutzprojekt-001

NEWSLETTER

Ab sofort keine kulinarischen Trends mehr verpassen und gleichzeitig einen Kochkurs mit einem Spitzenkoch von ZS gewinnen?

Melden Sie sich jetzt beim ZS Newsletter an und bleiben über neue Bücher, Themenschwerpunkte und News immer informiert.

ANMELDEN!

Jetzt anmelden unter:
www.zsverlag.de/newsletter

GEWINNEN

Unter allen Neuabonnierenden verlosen wir jeden Monat *10 neue Bücher* und jährlich einen *Kochkurs* mit einem Spitzenkoch von ZS.